애정 일기

애정 일기

강우근 김유나 김희수 유선혜 황용하

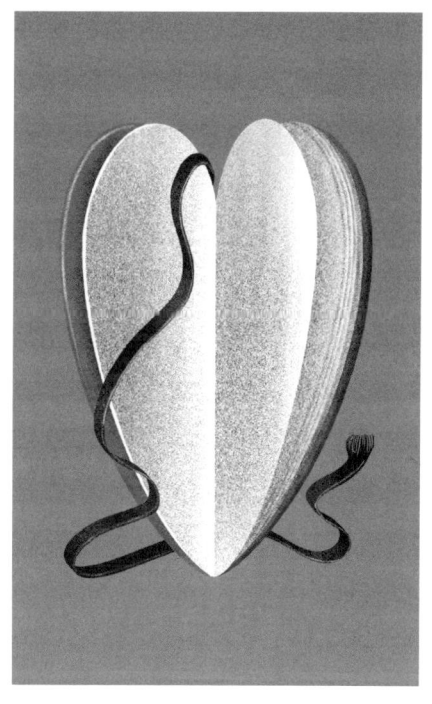

소소사
sososa

일러두기

책 제목은 『 』로, 문학 작품명은 「 」로, 영화, 드라마, 노래 제목은 〈 〉로 표기했다.

당신이 주운 이 일기는
다섯 명의 친구들이 교환한
사랑에 대한 기록입니다.

차례

첫 번째 일기

1. The Definition of Love · 유선혜 13
2. 환상이라는 이불을 덮고 있는 괴물 · 강우근 17
3. 나의 슬픔 · 김유나 21
4. 슬픔을 말할 수 있을 때 · 황용하 25
5. 우리의 두 발은 함정을 좋아해 · 김희수 29

두 번째 일기

6. 신이 빼앗아 갈 수 없는 것 · 김유나 35
7. 닿지 못할 무언가를 향해 가고 있는 기분 · 황용하 39
8. 뒤편을 기르는 일 · 김희수 43
9. 사랑은 사랑이 아닌 것들과 지나치게 비슷한 모양새를 하고 · 유선혜 47
10. 목소리의 여행 · 강우근 51

세 번째 일기

    11 가면을 쓴 사람들   • 황용하   57
    12 투명해지는 문   • 강우근   60
    13 야목   • 김유나   64
    14 Don't Be a Drag!   • 유선혜   69
    15 비명으로 사랑하기   • 김희수   74
    16 불의 첫맛   • 김희수   79

네 번째 일기

    17 불길   • 김유나   85
    18 하루를 백 년이라고 생각해 봐   • 강우근   89
    19 베껴 쓸 답지가 없다는 것은   • 유선혜   93
    20 문   • 황용하   97
    21 샤워해도 돼요?   • 김희수   101

다섯 번째 일기

    22 Nirvana   • 유선혜   107
    23 틱택토   • 황용하   111
    24 방화수류정   • 김유나   115
    25 사물들의 우주   • 강우근   119
    26 제트에게   • 김희수   123

여섯 번째 일기

27 전화 받어 · 김유나 131
28 샌프란시스코에 남은 이름들 · 황용하 135
29 침대에 누워 카드를 덮고 · 김희수 139
30 불가능세계 · 유선혜 143
31 훌라후프를 돌리는 우리를
   구경하는 유령이 있다 · 강우근 147

일곱 번째 일기

32 영원한 이미지로 남는 꿈 · 황용하 153
33 고름 참기 · 김희수 157
34 세계라는 우유 · 강우근 161
35 우리 사랑 연습도 없이 · 유선혜 166
36 다음 사랑 · 김유나 170

첫 번째 일기

1

The Definition of Love

·

유선혜

애정「*명사*」*

사랑하는 마음.

 사랑하는 마음만큼 보편적이고, 그만큼 뻔한 감정이 있을까? 이 세상에 존재하는 사랑 노래의 개수를 죽기 전까지 모두 셀 수 없을지도 몰라. 모두들 사랑에 대해 이야기하고 사랑을 하는 자신들을 사랑하며 살고 있으니까. 어떨 때는 살짝 지겹기도 해. 운

---

* "애정", 『표준국어대사전』, 국립국어원.

명을 건 사랑…… 인생에 단 하나뿐인 사랑…… 당신은 내 사랑…… '사랑'이라는 단어 앞에서는 한없이 진지해져야 할 것 같은 기분이 들어. 사랑 가지고 장난하지 말라고, 누군가 나에게 핀잔을 주는 것처럼. 그렇지만 나는 사랑에 대한 회의주의자가 절대 아니야. 사랑을 하고 싶고, 또 사랑을 하고 있지. 사랑만이 우리를 구원할 수 있다고 여기는 사랑 만능주의자는 아니지만, 사랑이 우리 모두가 느끼고 원하는 마음이라면 분명히 기록할 이유가 있다고 믿어.

사랑하는 마음은 언제나 무언가를 향하고 있는 것 같아. 대상이 없는 애정은 없는 거니까. 사랑하는 마음에는 항상 무언가가 필요하지. 그렇기에 사랑은 혼자만으로는 완전할 수 없어. 늘 무언가를 바라보고 있는, 무언가를 그 안에 넣을 준비가 된 괄호 같은 마음인지도 몰라. 애정의 대상은 무엇이든 될 수 있어. 식물도 관념도 사람도 사물도 될 수 있지. 그렇기에 애정은 세계 없이는 생겨날 수 없는 마음이야. 나를 둘러싼 세계가 오늘도 나에게 와서 문을 두드리지. 나는 사랑하는 마음을 통해 세계를 확인하고, 이 세상에 나 혼자뿐이 아니라는 사실에 안도할 수 있어.

나는 오늘 글자를 사랑했어. 책에 부드러운 연필로 밑줄을 그으며 말이야. 그 문장을 다시 노트에 옮겨 적기도 하며, 글자들의 세계로 날아갔어. 오늘 나는 늦잠을 사랑했고, 화분을 사랑했지. 점심시간이 지나서 몽롱하게 눈을 뜨고 풀에 물을 따라 주며 사랑을 했어. 애정을 나열하자면 끝도 없이 긴 리스트를 작성할 수 있지. 물, 앵두, 추리 소설, 샌프란시스코, 아빠, 고양이 그리고 시…… 점점 목록은 늘어나고……

어떤 날은 그 리스트에서 모든 것을 지워 버리고 싶어. 빨간 펜으로 그 목록에 아무렇게나 두 줄을 죽죽 그어 버리고 싶지. 애정은 투명하고 순식간에 형태를 바꾸니까. 마치 액체괴물처럼 말이야. 차가운 날에는 딱딱하게 굳고 따뜻한 방 안에서는 한없이 늘어져. 그거 아니? 이 액체괴물은 어마어마하게 커져서 널 집어삼킬 수도 있어. 애정은 수많은 감정을 동반하기 마련이니까. 그게 완전히 검고 끈끈한 마음이라고 할지라도. 너도 알잖아. 미움은 사랑하는 마음의 크기와 비례해서 커진다는 걸. 애정하는 만큼 기대하는 만큼 실망하기도 쉽다는 사실을. 액체괴물이 투명할수록 그 안에 사로잡힌 먼지가 더 잘 보이는 것처럼 말이야. 애정도 하얗고 깨끗할수록 그 안의 불순물이 더 잘 보일 거야.

우리는 애정이라는 이 부드럽고 말랑말랑한 생물과 함께 평생을 살아가야 해. 괴물과 친해지면 그건 더 이상 괴물이 아니라 친구지. 애정이 나를 집어삼키더라도 언젠간 나를 놔 줄 거라는 사실을, 나는 알고 있어.

| 2022. 11. 15. 11 : 57 PM |

2

환상이라는 이불을 덮고 있는 괴물

·

강우근

    액체괴물이 한창 유행할 때 나도 합정, 홍대 근처를 돌아다니면서 액체괴물을 모은 적이 있어. 끈적끈적한 점액질의 액체괴물에 플라스틱 모형, 반짝이 가루, 구슬 등이 달라붙어 있었지. 나는 액체괴물을 만지면서 이상한 평온을 느끼기도 했어. 손안에서 구르고, 달라붙고, 떼어내지는 액체괴물은 만질수록 다양한 모양새가 되어 갔어. 액체괴물을 만드는 데에는 아주 많은 방식이 있고, 사람들은 새로운 재료들로 한 번도 본 적 없는 액체괴물을 만들 수도 있었지. 사람들은 왜 그것을 액체괴물이라고 부르고 좋아하는 걸까. 어쩌면 우리는 규정되지 않은 어떤 것에 끌리는 것이 아닐까. 세계에 아직 기입되지 않은 형태의 것을 가까스로 괴물이라고 부르고 돌보고 싶은 것은 아닐까.

괴물「명사」*
1. 괴상하게 생긴 물체.
2. 괴상한 사람을 비유적으로 이르는 말.

액체괴물의 '괴물'은 아마 1번에 해당할 것이야. 액체괴물 말고도 우리는 미확정적인 괴물과 가까운 것에 둘러싸인 채로 살고 있겠지. 아직 발견되지 않은 많은 종의 생명과 설명하기 어려운 마음 같은 것. 괴물은 정말 우리를 삼킬까? 괴물은 우리들 마음의 영역에 머무르고 있고, 나는 그 괴물을 아름다운 환상의 일부처럼 돌보며 살아가고 싶어.

일본에서는 자신들이 믿는 수십 가지, 수백 가지의 귀신들에 하나하나 이름을 붙여 준다고 해. 그

---

* "괴물", 『표준국어대사전』, 국립국어원.

건 우리가 이야기를 대하는 과정과도 비슷했어. 우리는 괴물과 귀신 같은 헛것에 이름을 붙여 주고 물을 주고, 배경을 마련해 주는 것으로 이야기를 시작하고 있거든.

이야기를 쓰기 위해서는 가장 먼저 그 존재를 믿는 자가 되어야 해. 그것은 아주 춥고 고독한 일이지만 이야기를 시작하고 나면 어둠 속에 촛불이 켜지듯이 그 존재와 함께 머물러 있다는 것을 알게 돼. 존재를 명명하며 이야기하는 이는 주술처럼 자신이 바라보는 존재를 가장 먼저 믿는 사람이 되어야 하지. 그렇게 여러 종류의 규정되지 않은 마음이 텍스트화가 되는 순간 우리는 그 마음을 물체처럼 바라본다.

나는 자주 미래라는 아직 오지 않은 이야기에 대해 생각해. 아직 이름 붙여지지 않은 어렴풋한 이미지를 품고 있는 것. 우리에게 서서히 오고 있는 것. 무형이라고 생각했던 것을 액체괴물처럼 만지고 이름 짓고 손안에서 편안하게 생각하는 일.

나에게는 덤불숲과 같이 복잡하고 모호한 이야기의 미래가 남겨져 있어. 덤불숲에는 이름 지어지지 않은 나무들이 있고, 그것을 관리하면서 아름다운 공원으로 만들 거야. 머리가 긴 사람이 다양한 형태의 머리 스타일을 구사할 수 있는 것처럼. 덤불숲은 수많은 공원의 가능성이니까. 나무들이 만든 우연한 장식을 가진 덤불숲을 내가 잘 다듬으면서 살 수 있기를. 그리고 공원이 되어 가는 수많은 덤불들이 나를 믿어 주기를.

| 2022. 11. 21. 09 : 08 AM |

3

나의 슬픔

•

김유나

　　오늘 80평은 될 법한 넓은 카페에서 모임을 했어. 카페는 테라스 자리를 제외하고는 만석이었고, 아메리카노를 마셔서 오줌이 마려웠지. 인간은 그렇게 설계되어 있잖아. 화분에 물을 주면 배수 구멍으로 남은 물이 빠지듯이, 뭔가를 마시고 나면 흡수되고 남은 수분이 여차저차, 이렇게 저렇게, 그 결과 소변으로 배출이 되는 거 말이야. 그런데 그 아름답고 드넓은 카페는 인간의 신체적 설계를 완전히 무시하고 있었어. 화장실이 달랑 한 칸이었거든. (물론 변기통도 하나지.) 여자 화장실 앞 복도에 5인의 여성들이 줄을 섰어. 난 두 번째였고, 우습게도 팔짱 끼고 기다리던 어느 순간 슬픔에 대해 생각했다?

　　화장실 앞에서 슬픔을 떠올렸던 이유는 남자 화장실에서 열린 문틈으로 넓은 빛이 새어 나오고 있어서 그랬어. 거기엔 소변기가 (얼추) 두 개 이상이라서 그랬어. 약이 오르다가 15초 정도 슬퍼졌어. 다섯 명의 여자들이 어두운 복도에 서서 여자 화장실의 문이 언제 열리나. 그것을 바라보고 있는 것이. '이보쇼 선생님…… 여자들의 변기통이라도 좀 넉넉하게 마련해 주면 안 되나요……'라고 마음으로 말했다? 좀 슬픈 말투로 말이야.
　　알아…… 이상한 데서 터진 이상한 마음이라는 거.

　　너는 어떨지 모르겠지만, 나는 오랜 세월 동안 슬픔이라는 감정이 떨쳐 버려야 할 무언가라고 생각했어. 슬픔…… 이 녀석은 내게 너무 지독히도 오랜 세월을 엉겨 붙어 있는 것 같았단 말이지. 코딱지라도 되는 양 튕겨 버리고 화사한 세월만을 살 수 있기를 기도하기도 했지. 그렇지만 나는, 너무 자주 슬픈 인간이거든. 모니카 마론이 쓴 『슬픈 짐승』이란 제목을 보자마자 눈물을 찔끔 흘리기도 했고, 슬픔을 들켜서 더 슬퍼지기도 했고, 얼마 전엔 레서판다가 꽃을 들고 두 발로 걸어 다니는 영상을 보고도 눈물을 흘렸어. 몰라. 나는 그게 설명할 수 없이 슬펐어.

혹시 내가 불행한 사람이라고 생각하니? 아냐. 나는 슬픔 속에서 충만함을 느껴. 내가 느낄 수 있는 슬픔의 다양함을 애정한다고. 〈인사이드 아웃〉의 '슬픔이'의 표정이 그 모양인 건 감정을 캐릭터로 형상화하느라 어쩔 수 없이 단순화된 것이라 할지라도 내겐 납득할 수 없는 부분이야. 슬픔을 자주 느끼는 사람들은 대개 그만큼 잘 웃기도 하는 것 같거든.

규정되지 않은 마음을 텍스트화하고, 그것을 바라본다는 네 말을 보고 생각한 건, 규정된 것들을 수행할 때의 슬픔은 '슬픔이'의 표정처럼 빈약하다는 거야. 그 빈약함이 불행한 거지, 슬퍼서 불행한 게 아니라고. 풍성한 슬픔이 내 삶과 함께할 때 나는 어느 때보다 건강하고 윤기 나는 삶을 살고 있다고 믿어. 그게 사라지면 나는 세상을 해석하는 신경회로 하나를 잃어버리게 될 거야. 그냥 슬픔이 아니라 '나의 슬픔'. 그건 이해되지 않을지라도 품고 있을 가치가 있지.

너도 설명할 수 없는 너의 감정을 애정해 본 적이 있는지, 나쁜 것이라 생각했건만 볼수록 괜찮은 감정 하나를 자꾸만 보다가 애정해 버린 적이 있는지. 꽉 껴안고 볼을 부비고 싶은 통통한 것을 애정이라고 말한다면, 그것을 마음껏 쏟아부을 무언가를 가져 본 적이 있는지.

어쨌든, 내가 오늘 껴안은 건 슬픔이었고, 편견을 지우고 나니 얘도 꽤 괜찮은 녀석이었어.

| 2022. 11. 26. 01 : 09 AM |

4

슬픔을 말할 수 있을 때

•

황용하

　슬픔이라는 감정이 떨쳐 버려야 할 무언가라고 느꼈다는 너의 말을 들으며 생각했어. 오랜 시간 스며든 슬픔과 어떻게 살아가면 좋을까. 이 슬픔은 폭발하지도 않고 그렇다고 마르지도 않아서, 프라이팬에 굳은 그을림처럼 자꾸만 닦아 내고 싶었고 아무렇게나 붙은 상처 자국처럼 계속 신경 쓰였어. 나는 슬픔을 밀어내면서 그냥저냥 살아야만 하는 줄 았았는데, 어느 순간부터 슬픔과 함께 한몸처럼 살고 있다는 걸 알았지.

그 순간은 슬픔을 말하는 빈약함이 슬픈 것이고, 슬픔 자체는 슬프지 않다는 걸 깨달은 순간일지도 몰라. 자꾸만 슬픔을 무용하고 쓸모없게 만들수록 나를 죽게 하는 것과 다름없다고 느꼈어. 내 안에 슬픔이 가득한데, 나를 아무것도 느끼지 못하고 아무것도 느낄 필요도 없는 사람처럼 만들고 있는 것 같았지. 나는 내가 나를 보는 방식이 바뀔수록 내가 할 수 있는 사랑의 형태도 바뀐다고 믿고 있어. 슬픔 또한 내가 다르게 보기 시작한다면, 이 감정도 분명 사랑의 한 종류가 될 거야. 그리고 누군가에게도 분명 건넬 수 있게 되겠지.

그렇지만 타인에게 내 슬픔을 건넨다는 건, 아직도 정말 두려운 일이야. 내 안의 살아 있는 무언가를 건넴으로써 상대 안에 존재하는 어떤 것이 죽는 것은 아닐까. 그래서 오랫동안 나는 타인이 원하는 것만 건넸지, 진정한 나의 무언가를 건넨 적이 없다는 생각이 들었어. 나에게 너의 슬픔 또한 달라고 하는 사람은 많지 않았거든. 나는 나를 줄 수도 없고, 그로 인해 상대가 주는 무언가도 받을 수 없구나. 그러므로 내 안에만 사는 사람이구나. 슬픔을 주고받는 것을 희생이라고 말할 필요는 없는데 말이지.

　얼마 전, H가 내게 물었어. 네가 생각하는 사랑이 무엇이냐고. 나는 문득 내가 없어져도 상관없는 것이라고 말했어. 그리고 H는 자신이 반려묘에게 느끼는 감정이 바로 그것이라고 말했지. 그 고양이 한 마리가 자신을 전혀 알아보지 못하고, 자신에게 다가오지 않아도 그만이라고 했어. 함께 있을 수만 있다면 좋다고 했지. 자신의 존재를 포기해도 좋다는 거였어. 그것은 어쩌면 아주 슬픈 이야기일지도 몰라. 그러나 사랑을 위해 자신을 잃을 수 있는 사람은 슬픔에게도 같은 마음일 거야. 그들은 자신을 알 수 없는 장소로 여행시키는 슬픔이 있어 정말 다행이라고 말하겠지.

　때때론 슬픔에게 자신을 놓아 주는 순간이 필요한 것 같아. 최고의 사랑은 나를 잃는 사랑이 아닐까? 내가 나를 사랑하기 위해서라도 나는 나를 잃어야 할 거야. 슬픔은 나에게 최악의 불행이자 최고의 행복이 될 거고, 내게 무언가를 느끼게 해 주겠지. 자신을 잃을 때만이 무언가를 발견할 수 있게 될 거야.

내가 나의 슬픔 또한 정말 사랑하게 된다면 매듭을 풀고 그곳에 더는 살고 있지 않은 상태에서, 비로소 유령 같은 목소리로 슬픔을 말해 볼 수 있을 거야.

| 2022. 12. 01. 06 : 19 PM |

5

우리의 두 발은 함정을 좋아해
·
김희수

    너, 나를 잃어도 상관없는 것이 사랑이라 했지. 상대의 마음과 기억에 끼어들지 않아도 된다고. 단지 그 대상을 목도하는 것만으로 괜찮다고 말이야.
    그 마음 숭고하다. 피상적인 사랑에서 오는 마음일 리 없어.

    대개 인간은 무언가를 사랑하면 소유하고 싶어 해. 그 욕구를 당연한 것처럼 여기곤 해. 단맛을 사랑하는 사람은 서랍 가득 초콜릿을 채워 두고, 빛을 사랑하는 사람은 매일 한낮의 공원을 산책하거나 창

가에 오래 머물러. 자신의 욕구대로 갈망하는 대상에 닿으려 해. 손에 쥐게 되면 필요가 사라질 때까지 손아귀에 가두지. 욕망하는 대상이 사물 아니고 감정 가진 생물이라면, 나의 소유욕은 언젠가 그 애를 곪게 할 거야. 섬뜩한 일이지. 애정이 맹공격 퍼붓는 바이러스 되다니.

피상적인 사랑은 '선호'라는 개념과 더 맞닿아 있는 듯해. 선호는 작은 부피야. 내가 선호하는 그것을 취하고 싶으니까 취하는 거야. 누군가의 에너지를 빼앗아서 나의 욕구 충족을 위해 쓰는 거야. 그것이 그 사람의 목소리든 마음이든 시간이든. 욕망하는 대상보다 나를 더 위하는 마음인 거야.

사랑의 부피가 방대해지고 자기중심적 사고에서 벗어나게 된다면, 사랑하는 대상이 조금이라도 손상되는 것이 싫겠지. 자신의 사사로운 욕구에 대상을 어떤 방식으로든 이용하려 하지 않을 거야. 가만 놓아둘 거야. 대상의 고유한 모양을 내가 주무르지 않고, 있는 그대로 인정하면서. 그것이 사랑과 존중에 순수하게 바짝 붙어 서는 마음인 것 같아. 독점하고

픈 욕망이 발생해도 사사건건 감시하며 누군가의 숨통 조이지 않겠지.

 그래서 너의 사랑은 어떤 것도 요구하지 않는 태도라고 나는 이해했어. 너는 너의 욕구를 버려도 괜찮은 사랑을 겪어 보았구나. 언젠가 네 가슴속에 맺혔던 작은 사랑이 몸통을 다 뒤덮을 만큼 자라났겠구나. 어쩌면 내가 사랑하는 사람은 나보다 나은 사람일 텐데, 고작 내가 어떻게 담아내겠니. 그 애가 어디까지 점프해 나아가는지 쫄랑쫄랑 따라다니며 지켜볼 수 있다면 그것으로 될 것 같은데. 그런데 있지,
 올바름에 가까운 방식을 일면서도 나는 안 그래. 누군가를 좋아하게 되면, 다가가서 사랑이라는 칼날 들이밀고 협박해. 너 내 곁에 머물러. 다른 사람이랑 놀지 마. 안 그럼 찌를 거야. 분명 폭력적이지만 나는 칼을 쥐고 있어. 상대방을 사랑하는 마음보다 나를 위하는 마음이 우선인 거야. 나 포함 대다수의 사람들은 본인 욕구에 치중하기에 상대에게 접근해서 흠집 내. 질병 아니니? 사랑하는 대상을 내 숙주로 삼고 병들게 하잖아.

내가 애용하는 사랑은 갈고리 모양이야. 코 꿰어서 꼭 손에 쥐려고. 너를 소유했다는 착각으로 내 마음의 구멍 메우기. 네가 그 안으로 쏙 빠져 버리면 다른 너를 끌어와 다시 박아 넣기. 일시적으로 충만하기. 빈 구멍마저 고유한 나의 일부라고 인정하기 싫으니까, 너희를 이용해 필사적으로 모른 척하기. 실은 여기가 예쁘장한 함정이라는 사실 함구하고서.

내 사랑은 착각의 연속이고, 논리적이지 않아. 피상적인 사랑은 손쉬워서 단숨에 습관으로 변모해. 이것이 내가 지금 발 담그고 있는 사랑의 형태야.

| 2022. 12. 04. 03 : 55 AM |

두 번째 일기

6

신이 빼앗아 갈 수 없는 것

•

김유나

언제나 중요한 것은 지금 이 순간 우리가 하는 일이다. 우리가 달까지 걸어갈 수는 없겠지만, 달까지 걸어가는 사람인 양 걸어갈 수는 있다. 지금 이 순간, 달까지 걸어가는 사람인 양 걷는 사람의 발은 달에 닿아 있다. 그러니 멈추지 말고, 계속 걸어가길.

김연수 작가가 김승옥문학상 수상 소감에 쓴 문장 중 일부야. 어제 지하철을 타고 집에 오는 길에 저 문장을 읽었고, 언뜻 희망을 이야기하는 저 문장의 이면에 배어 있는 절망, 절대 닿을 수 없는 것을 향해 가는 사람의 발걸음에 대해 생각했어.

　얼마 전에 등산을 갔어. 남녀노소 누구나 너끈히 오를 수 있는 산이라는 후기를 보고 선택한 산이었고, 초반 15분 정도는 정말 힘들었지만 그건 내 체력의 문제일 뿐 산이 험한 탓은 아니었지. 동행은 그마저도 포기하고 싶다고 했고, 나는 엉덩이를 밀어줄까? 하고 물어봤어. 양손으로 동행의 엉덩이를 받치고 밀면서 계속 올랐지. 문제는 초반의 구간을 지나면서부터였어. 천국의 흙계단을 지나 바위산이 나오더라고. 나는 손이 거친 편이고 그것에 자부심을 느끼는 사람이야. 신이 언젠가 내게서 모든 것을 빼앗아간다고 할지라도, 내가 붙잡고 나르고 꽉 쥔 채 살아온 시간만큼은 가져갈 수 없을 테니, 그게 뭐든 이겨 낼 수 있다고 믿게 되거든. 그래서 바위를 움켜쥐고 곰처럼 기어서 산을 올랐어. 동행은 씩씩대면서 욕을 하다가 눈시울이 붉어졌어. 인생의 가장 힘든 시기를 지나고 있을 때였거든.

　정상에서 알게 됐는데, 우리가 올라온 건 직선코스인 4코스였어. 초보코스는 1코스였는데 초행이라 길을 잘못 든 거지. 땀 한 방울 흘리지 않고 정상으로 올라온 사람들을 보면서 나는 아모르파티…… 하고 작게 말했지.

동행은 남편이었고 나는 긴 시간 그 사람을 사랑하면서 어느 순간 더 이상 그 사람을 사랑하는 것이 불가능해지는 때를 맞이하기도 했어. 하지만 그런대로, 불가능의 방식으로 사랑하다 보니 이제는 이 사람과 물리적으로 헤어질지언정 영영 헤어질 수 없는 상태가 되었다고 보는데, 그건 나의 어느 정도는 그 사람이고, 그 사람의 어느 정도는 나인 상태가 되었기 때문인 것 같이. 낭만이 아니라 절망을 인정하는 것. 그렇게 되면 신이 와서 빼앗아 갈 수 없는 것이 하나 더 늘어나는 셈이 되는 거지.

또한 나는 소설을 너무나 사랑하던 중에 그 사랑이 불가능해지는 때를 맞이하기도 했어. 언어란 지긋지긋하게 예민하게 굴면서 어떤 마술에도 도움을 주지 않는 비둘기 같고, 삶에서 느끼는 감정이 다양해질수록 소설 속 그것은 납작해지고, 도무지 한 사람의 마음을 알 수가 없고. 절망, 절망, 절망, 절망만을 내리 걸을 거라고 생각하게 될 때. 그러면 절망을 쓸 수 있겠지. 절망이라도 쓸 수 있겠지. 하고 가져 보게 되는 희망.

나는 어쩌면 완전히 혼자가 되거나, 평생 쓰고 싶었던 것에 닿지 못할지도 모르지. 걷는 건지 나뒹구는 건지 모를 순간들. 그리고 그것이야말로 신이 빼앗아 갈 수 없는 거라고 생각해. 도착과 결실의 영광을 거둬 갈 순 있어도 닿을 수 있다고 믿으면서 걸어갔던 순간들은 완전히 내 것인 것처럼.

너도 사랑을 향해 걷다가 절망을 지나온 적이 있어? 혹은 불가능한 방향으로 걸어 본 적은?

| 2022. 12. 07. 09 : 34 PM |

7

닿지 못할 무언가를 향해 가고 있는 기분

•

황용하

　요즘 침대에 빙하니 누워 핸드폰을 보고 티브이에 아무런 유튜브나 틀어 놓는 것으로 지내고 있어. 아마 나는 생각을 하고 싶지 않은 것이고, 그저 시간이 지루하지 않게만 흘러갔으면 하는 바람이지. 해야 하는 것들이 있는데 해내야만 한다는 생각에 몸이 아프고, 그것들은 내가 하고 싶었던 일이라고 최면을 걸어 보지만 요즘 난 아무것도 하고 싶지 않은걸. 가야 할 곳에는 가지 않고 있고, 머무르지 말아야 할 곳에는 계속 머무르고 있어. 그러다 문득 화면을 보고 있는 내 눈이 정말 화면 속 무언가를 보고 있는 것이 아니라는 걸 깨달을 때, 소름이 돋고 나를 자책하기도 하지.

　최근에 꾼 두 개의 꿈이 있어. 첫 번째 꿈에서 나는 마라톤을 달리고 있었어. 나는 길쭉한 도로 위에 있었고, 나의 앞뒤로는 마라톤 선수들이 촘촘히 뛰고 있었어. 그러나 나는 마라톤 선수가 아니었고, 내가 왜 그들과 함께 달리고 있는지 알 수 없었어. 나는 평상복 차림에다가 가슴에 번호표도 없었거든. 그럼에도 그들과 함께 발을 맞추며 계속 비포장도로를 달리고 있었어. 무엇을 위한 건지도 모르고 뛰고 있었지.

　두 번째 꿈에서 나는 집을 터는 도둑이었어. 검은 옷에 검은 복면을 쓰고 있었어. 동료처럼 보이는 이와 함께 있었지만, 그 역시 복면을 쓰고 있어 누군지 알아볼 수 없었어. 나는 커다란 티브이를 훔치기 위해 티브이를 해체하고 있었어. 나사들을 하나하나 풀어 티브이 부품들을 바닥에 놓았고, 동료는 망을 보며 나보고 서두르라고 했어. 그리고 그때 집 앞에서 차량이 멈추는 소리가 들렸고, 사람들이 웃고 떠

드는 목소리가 들려왔어. 그 목소리들이 어딘가 익숙했어. 귀를 기울여 보니 그건 내 가족들의 목소리였어. 나는 내 가족의 집을 털고 있었던 거야. 나는 행동을 멈췄고, 순간 엄청난 죄책감이 몰려왔어. 분리된 회색 티브이 스크린에 내 얼굴이 가만히 비치고 있었어.

닿지 못할 무언가를 향해 가고 있는 기분은 뭘까. 그것을 향해 걷는 내 걸음을 사랑할 수 있을까. 닿지 못하는 무언가라도 그 대상이 분명 존재하는데, 나는 어떤 대상에서 점점 멀어지는 느낌만 들어. 꿈속에서 내겐 목적과 도착해야 할 곳이 없었고, 목적이 있다 하더라도 잘못된 것이었고 또 실패했지. 그것이 지금 내 삶을 반영한 것은 아닐까. 나는 나 자신이 트랙 위의 달리기 선수인 줄만 알았는데 그냥 도망자가 아니었을까 하는 생각을 해. 둘은 모두 달리고 있지만 달라도 너무 다른 거지. 도달하고 싶은 결승선이 없거나, 도달할 수 없는 결승선마저 없다면 어떡하지?

그러나 분명 멈춰 있을 때도 어디론가 가고 있

는 과정이겠지. 아무것도 하지 않을 때도 사실 나는 하고 있는 걸지도 몰라. 무언가를 하지 않고 있는 힘도 분명 내가 쓰고 있는 힘일 테니까. 나는 산책을 할 때도 목적 없이 돌아다니고, 여행지에 가도 발이 가는 대로 가는 편이야. 그 순간들을 의미 없다고 말하지는 않았어. 생각해 보면 나는 분명 사랑하는 것이 있고, 그것을 향해 다시 걸을 수 있겠지. 내가 가지고 있는 것을 분명 다시 찾을 수 있을 거야. 주변 사람들은 내게 절뚝이면서도 가는 것이라고 말해. 그러다 보면 무언가가 보일 거라고. 분명 우리가 살고 있는 세상은 오를 수 없는 우물 안이 아니라 출구가 있는 터널 안일 테니까.

티브이를 끄고 잠시 눈을 감았어. 내 꿈들이 어떻게든 내 뒤에서 나를 밀어 주려고 했던 것만 같아. 그렇게 생각해 보면 나는 어제와는 다른 어딘가로 움직인 것 같아. 너는 요즘 무슨 꿈을 꾸고 있니? 그리고 그 꿈들이 너에게 무슨 말을 해 주고 있는지 궁금해.

| 2022. 12. 12. 08 : 54 PM |

8

뒤편을 기르는 일

•

김희수

그저께는 고등학교 동창 두 명이 죽는 꿈을 꿨어. 꿈속에서는 비가 무지 많이 내렸고 빗길에 미끄러진 차가 동창들을 들이받았어. 나는 그들과 학창 시절 복도에서 마주친 게 전부, 근래에는 동네에서 마주친 적도 없는 사이야. 이름과 인상만 설핏 기억하는 애들인데, 내 꿈에 반짝 등장해 죽어 버렸어.

누군가 죽는 꿈은 길몽이고, 그 행운은 꿈을 꾼 사람이 아니라 꿈에 나온 인물의 것이래. 잘 알지도 못하는 사이인데 나의 꿈자리를 빌려 선물을 받아 간

아이들이 미웠어. 나에게 달려들지 않고 애먼 데 튕겨 나가는 행운이 언짢기도 하고.

　저편에 있는 이들이 내 꿈에 징조 없이 들이닥치는 일이 잦아. 그럴 때마다 오래된 마음들이 뻐끔대.

　언제는 몇 년간 절연했던 친구가 갑자기 꿈에 등장했어. 그 애는 타지에 있는 고등학교에 진학했는데, 우리 동네로 다시 돌아오고 싶다며 펑펑 울었다. 잠에서 깨어나니 가슴이 철렁였어. 잠에서 벗어나자마자 곧장 그 애에게 연락 취했어. 오늘 꿈속에 네가 대뜸 나타나 오열했다고. 걱정되는데 무탈하냐고.

　그 앤 나를 달가워했어. 탈 없이 지낸다 했고. 길마다 얼어 있는 겨울날에 우리는 다시 만났어. 외투 주머니에 시린 손 감추어 걸으며 나는 통감했어. 우리는 다시 서로의 안에 발끝도 들일 수 없다고. 힘주어 점프하더라도 건너 낼 수 없는 거리에 그 애가 있었어. 우리는 더는 어깨 부딪히며 걷지 못하는 간격을 두고 있었던 거야.

속 쓰라렸지만 진작 겪었어야 했던 통증이었어. 그 애가 말해 주었거든. 내가 단절을 고했을 때 며칠을 울었다고. 너무나도 갑작스레 우리의 종말을 선언했으니까. 내가 언제나처럼 단잠 자고 기지개 켤 때, 그 애의 심장에는 찬바람이 연신 드나들었던 거야. 그러니 뒤늦은 내 통증 어쩌면 응당하지.

그 애가 아니더라도, 과거를 끌어다 현재로 연이으려는 시도는 매번 실패했어. 이미 오래전 안녕을 고한 이들과 다시 마주 앉아 봤자, 작별을 잠시 유예하는 일에 불과하다는 것을 알아. 그것은 얼마간 분명한 꿈결 같은 것이고 눈꺼풀을 들어 올리면 또다시 안녕이니까.

불쑥 꿈에 튀어나와 속 시끄럽게 하는 첫사랑 같은 것이 싫어. 꿈속에 환영으로 불거지는 사람들이 싫어. 내가 손바닥 위에 펼쳐 둔 현재를 찌그러뜨리고 그 위에 당당히 서는 그들의 발끝을 뒤꿈치로 힘주어 밟고 싶어. 이제 내 방에 발자국 묻히지 못하는 이들을 다시 상기하고 싶지 않다.

부탁할게. 영영 내 꿈속 세계에서 비껴 나가 주기를. 간밤 너희의 출현은, 내가 너희를 완전히 횡단해 내지 못했다는 반증이니까.

재조립 불가능한 우리. 그립긴 하지만, 다시는 우리의 앞을 꿈꾸고 싶지 않아.

| 2022. 12. 16. 05 : 07 PM |

9

사랑은 사랑이 아닌 것들과
지나치게 비슷한 모양새를 하고

유선혜

넘어서지 않고 싶은 순간이 있었어. 그 잠깐을 지나치고 싶지 않았어. 그렇지만 그 이유는 전혀 아름답지 않았지. 내가 넘어서고 싶지 않은 건 바로 착각의 순간이었어. 착각에 빠진 순간은 다시는 꾸고 싶지 않은 꿈을 꾸는 밤 같았어. 끔찍한 악몽이라서 다시 꾸고 싶지 않은 꿈이 아니고, 오히려 너무 행복해서 눈을 뜨고 현실로 돌아오는 순간 외로움 속으로 떨어지는 것 같은 느낌이 드는 꿈. 착각은 아무리 벗어나고 싶어 해도 내 힘으로는 빠져나오기 힘든, 달콤하지만 허무한 마음이었지. 예쁘다고는 절대 부를 수 없는, 침대 밑에 굴러다니는 먼지 덩어리 같은 기억이야. 나는 요즘도 가끔 그때를 떠올리곤 해.

내 착각은 말이야, 그 사람이 나에게 처음으로 말을 걸었을 때 시작되었어. 그가 나에게 처음 건넨 말은 별로 중요하지도 않고 대단한 의미가 있지도 않은 사소한 질문이었어. "혹시 캐러멜 좋아하세요?" 그런데 너무 어이없게도 그 질문이 하루 종일 떠올랐어. 지금도 그 이유가 이해가 잘 안 돼. 그 사람은 철이 없었고 잘 웃었지. 나에게 많은 것을 이야기해 주었어. 자신의 꿈과 미래, 좋아하는 음악과 영화 그리고 자신이 어제 시켜 먹은 저녁 메뉴와 고등학교 동창들의 근황. 심지어 자신이 혼자 살고 있는 방의 보증금이 얼마인지까지. 나는 그렇게 시시콜콜한 이야기를 나에게 말하는 게 이해가 되지 않았어. 그리고 그 이유를 곰곰이 생각하게 됐고, 어느새 그 사람 생각을 지나치게 많이 하고 있었지.

그 사람이 나에게 문자 한 통을 보냈을 때, 이건 착각이 아니라고 생각했어. 그 문자에 별 내용은 없었어. 그냥 요즘 왜 보이지 않느냐는 한 줄짜리 질문이었지. 나에게 그런 이유를 묻는 그 사람이 이상했어. 이상하면서도 뭔가 참을 수 없었지. 그리고 나는 그날부터 온갖 망상을 시작하게 되었어.

착각에 빠지기는 정말 쉬워. 아니면 너무 쉽게 상상에 빠지는 내가 이상한 걸까? 그 사람이 나를 따라 계단을 내려올 때, 세상에는 그와 나, 그리고 계단밖에 없는 것 같았고. 커피를 따라 줄 때는 종이컵에 담긴 믹스커피 한 잔이 이 세상의 모든 것을 상징할 수 있는 것처럼 느껴졌어. 착각의 시간은 점점 길어졌고, 그건 말 그대로 착각이었기 때문에 아무 일도 일어나지 않았지. 나는 점점 나의 착각과 함께 잠을 이루지 못하는 게 지겨워졌어.

솔직하게 말하자면, 지겹다기보다는 슬펐어. 그건 철저히 혼자 꾸는 꿈이었지. 상대 없이 혼자 추는 왈츠처럼 자꾸 박자를 지나치고 다리를 저는 춤이었어. 더 추한 모습으로 넘어지기 전에 그만 멈춰야 한다는 사실을 알면서도 자꾸만 머물게 되는 이상한 움직임. 그런 춤을 추면 너무 빨리 지치고 만다는 거, 알고 있니?

얼마 전에 그 사람을 다시 만났어. 정말 오랜만이었어. 우리는 함께 밥을 먹고 시시콜콜한 근황 이야기를 나누며 커피를 마셨지. 그 사람은 아직도 아이처럼 철이 없었고, 별의별 이야기를 나에게 털어놓는 것도 여전했지. 나는 이제 그 사람이 눈을 접으며 웃는 모습을 봐도 아무렇지 않았어. 그동안 나의 사랑은 사랑이 아닌 것들과 지나치게 비슷한 모양새를 하고 있었나 봐. 닮은 게 너무 많아서 셀 수도 없을 정도였지. 사랑의 가면을 쓰고 있는 무언가…… 그런 마음들 말이야. 그리고 그제야 알게 되었어. 사랑의 모습은 착각과 너무 많이 닮아 있다는 걸.

| 2022. 12. 28. 09 : 45 PM |

10

목소리의 여행

·

강우근

자고 일어났을 때 침내에 나의 목소리만 남아 있다면? '내 몸이 하루아침 만에 사라져 버렸어'라고 생각하며 방 안을 서성거릴지도 모른다. 몸을 잃어버린 것에 슬퍼하면서 방을 맴돌 것이야. 그러나 시간이 지나면 목소리만 가진 나는 창 바깥으로 나가서 스르륵 방 안을 떠날 것이야, 마치 음악처럼 공기 중을 떠다니면서.

어쩌면 하나의 고정된 몸이 있었던 상태보다 자유롭게 대상을 바라보게 될지도 모르려나. 사람의 영혼이란 걸 가장 잘 말해 주는 특성은 목소리고, 목소리라는 영혼은 또다시 형식을 빌리고 싶어 하겠지. 주전자 속에 들어가서 수증기를 떠나보내고, 우산 속에 들어가서 빗방울이 무수히 무늬를 만들면서 떨어지는 것을 보고, 투명한 문 속에 들어가서 나를 밀고 닫는 사람들의 무수한 표정을 지켜보고도 싶겠지. 가끔 시를 쓸 때 내가 이미 목소리만 남은 사람 같다고 느끼는 것 같아. 그래서 돌의 기분으로, 식물의 기분으로, 상실한 사람의 기분으로 계속 형체를 만들어 내나 봐.

　　무뚝뚝해 보이던 사물이 부드러워지면서, 말하지 않던 사물의 목소리가 들려오면서 사람들은 직업을 가지게 된 것은 아닐까. 도자기가 말을 걸어서 도예가가 되고. 검이 말을 걸어서 검술사가 되고. 철봉이 말을 걸어서 체조 선수가 된 것이 아닐까. 때때로 어떤 사람들은 사물 앞에서 "내게 말을 걸어 줘", "제발 나를 가져 줘"라고 말하기도 하겠지.

　　들리는 것이 들릴 때까지, 이전과는 다른 모습을 가지게 될 때까지 목소리의 여행은 계속될 거야.

보다 생생한 물속에 있기 위해서. 목소리가 가지는 가면은 실재에 가까워져. 가면을 벗고, 또다시 가면을 가지면서, 새로운 존재가 되기 위해서는 언제나 이전의 나를 잃어버릴 용기가 필요하다는 걸 알게 돼.

 어쩌면 우리의 형체가 누군가가 바라는 목소리에서 비롯된 것인지도 모른다고 생각하면 기분이 이상해져. 우리는 '목소리'로부터 태어난 것이 아니었을까. 어떤 두 사람이 서로를 좋아하는 목소리 속에서 보다 '작은 목소리'로 태어나서 여행을 떠나고 있는 것이 아닐까. 목소리로 만들어진 바깥으로 걸어 나가면서, 내가 좋아하는 목소리로 만들어진 형체들을 손으로 감각하면서 걸어 보는 이상한 휴일이야. 꿈속처럼 '손이 움직인다', '발이 움직인다' 주문을 해 보며 움직여 보는 이상하고도 평화로운 날이야.

| 2023. 01. 03. 05 : 20 PM |

세 번째 일기

11

가면을 쓴 사람들

황용하

　예전에 가면을 쓴 사람들에 대해 궁금했던 적이 있어. 내가 쓴 가면은 무얼까 하는 생각에서 비롯된 궁금증이었지. 나는 어떤 사람들을 만나면 그 사람들에 맞춰 내가 변한다는 걸 알 수 있었어. 그런 나 자신이 여러 가면을 쓰고 있다고 생각했고, 나 자신을 잃어버린 듯해 혼란스러웠지.

　나는 대체 누굴까? 한 책에서 한 사람에게는 여러 가면들이 존재한다는 사실을 발견했어. 그리고 한 사람이 자신의 가면들을 전부 벗었다고 생각했을 때도, 내가 비로소 온전한 나 자신이 되었다고 생각한 순간에도, 나는 미처 내가 알지 못하는 가면을 쓰고 있다는 것 또한. 그렇게 생각해 보면 보이지 않는 가면의 존재는 내가 절대 찾으려 해도 찾을 수 없는 나 자신이었어. 그리고 우리는 모두 알지 못하는 가면, 그 동일한 가면을 쓰고 있는 하나의 공동체일지도 모른다는 생각.

그건 곧 우리는 우리를 알 수 없고, 자신을 파악하지 못하기에 무엇이든 될 수 있다는 가능성을 보여 준 것이었어. 그 생각은 내가 살고 있는 세계를 투명한 문 뒤에 있는 무궁무진한 무언가로 느끼게 해 줬어. 나는 매번 그 문을 열고 여러 세계를 이동한다고 생각할 수 있었어. 나는 내가 누군지 몰라서, 어떤 시기에 내가 시시각각 바뀔 수 있어서 정말 즐거울 수 있는 거라고.

여전히 나는 오늘의 나와 내일의 내가 다르다는 불안감을 느끼곤 해. 내가 내게서 소외된 느낌과 내가 어디로 가고 있는지 모른다는 생각도. 내가 예전에 했던 말과 지금의 내가 하는 말의 차이에서 부

*끄러움*도 느끼지. 그러나 나의 변화와 모순에서 가면의 존재를 확인할 수 있음에 틀림없어. 그 가면의 존재를 확인할 때 비로소 또 다른 문이 열릴 거라는 것도.

중국의 가면극, 변검을 떠올려. 그 찰나에 휙휙 얼굴이 바뀔 때 찾아오는 약간의 불안감과 희열감 그리고 놀라움. 마침내 변검술사가 모든 가면을 벗고 맨얼굴이 등장한 그 순간에도 여전히 한 가면을 쓰고 있는 거라고 생각해 보면…… 지금 여기는 밤의 바닷가. 저 보이지 않는 먼 지평선에 무엇이 있을까, 떠올려 볼 수 있는 상상의 세계였지 가능성의 세계. 그리고 그곳에 등대의 불빛이 닿으면 우리는 웃고 울며 헤엄치는 무언가. 지금 그 바다에 딱 어울리는, 알 수 없는 얼굴을 한 무언가였지.

| 2023. 01. 10. 01 : 39 PM |

12

투명해지는 문
·
강우근

나는 매일 몇 개의 문을 통과하면서 지낼까. 집의 현관문, 성수역으로 가는 지하철의 붐비는 문, 커피를 테이크아웃하는 카페의 투명한 문, 엘리베이터의 문, 회사의 문, 빙글빙글 도는 쇼핑센터의 회전문…… 그러나 내가 몇 번이나 문을 지나오면서 느낀 건 나에게는 몸이라는 절대 벗어날 수 없는 단 하나의 문이 있다는 것이야. 세상에서 가장 빠른 동물인 치타도 치타라는 몸으로부터 한 발짝도 벗어날 수가 없듯이.

나는 가끔 아침에 샤워를 할 때면 막 태어난 동물처럼 나라는 몸이 너무 낯설고 이상하게 느껴질 때가 있어. 지구에서 인간이라는 몸을 부여받으면서 삼십 년 가까이 살았지만, 외부와 마주하는 나의 몸이라는 공간은 여전히 어색하다. 음식을 먹고 운동을 하면서 몸이 달라지는 것도 여전히 낯설어.

언젠가 테두리가 다 닳을 수 있는 몸을 가지고 평생 살아가야 한다는 걸 한밤중에 생각하면 몸이 투명해지는 기분도 들어. 그래서 사람들은 자신의 이름으로 된 사물을 만드는 걸까. 침대를, 피아노를, 음악을, 별을…… 그렇게 우리는 시몬스라는 침대에서 잠들고, 야마하라는 피아노 위에서 건반을 누르고, 빌에반스라는 음악을 듣고, 바너드라는 별을 보곤 하는 걸까.

자신의 이름을 가진 여러 사물을 내놓고 누군가 지구를 떠난 자리에서, 새로운 인간이 그들의 사물을 발견하고 공유하며 살아간다니…… 사물의 끝에는 여전히 그 사물에 이름을 붙여 준 인간의 영혼이 머물러 있을까. 나는 한평생 어떤 것을 매만지면서 살게 될까. 슬퍼하면서, 기뻐하면서, 어지러워하면서, 두려워하면서⋯⋯

우리가 공유하는 감정도 원래는 벽 같은 것일지도 몰라. 감정이라는 막막한 벽을 인간이 서로 공유하고 드나드는 문으로 만들기 시작한 거지. 너 지금 슬프구나? 기쁘구나? 이렇게 어른이 아이에게 물으면서. 그렇지만 여전히 감정으로도 설명될 수 없는 기분이라는 것도 분명히 있는 것이야.

참 재밌지? 내가 나이를 먹지 않으려고 해도 나이를 먹게 될 것이라는 것, 한 살 한 살 나이가 내게 부여되고 그것이 나의 자기소개가 된다는 것. 나의 이름으로 된 서류가 어딘가에서 통과가 된다는 것, 내 이름이 적힌 카드가 쓰여서 명세서가 날아오고, 거기에 내 생활이 나와 있다는 것, 그 내역서가 나의 신용이 된다는 것. 스스로의 이름을 바꾼다고 해도 그 바뀐 이름이 나를 따라붙을 거라는 것.

그렇게 쉼보르스카는 「두 번은 없다」라는 시에서 '우리가 세상이란 이름의 학교에서 가장 바보 같은 학생일지라도 여름에도 겨울에도 낙제란 없는 법'

이라고 말했는지도 몰라. 그래도 내가 새로운 상태가 될 수 있게 기도할 수밖에. 폭설과 폭우를 맞으면서 나보다 더 오래 산 500년 된 나무 앞에서, 우리가 사는 지구를 성실히 돌고 돌아, 우리 선조들의 죽음을 보고 또 본 달에게 나의 생을 잘 부탁해!

| 2023. 01. 14. 08 : 12 PM |

13

야목
·
김유나

　　통속과 세속이 유치하게 느껴질 때가 있지. 돌아가신 분들의 유서 깊은 글을 읽은 뒤 지성의 심층수에 머리통을 담갔다 뺀 것 같을 때, 끝내주는 강의를 들은 뒤 인생이 바뀌었음을 느낄 때, 사랑보다 깊은 사랑, 우정보다 깊은 우정, 진짜를 만난 것 같은 순간들에는. 현실의 매트릭스 속 0과 1의 세계를 잠시나마 벗어난 것 같아. 미숙하지만 나는 세계의 귀퉁이를 여행하고 왔다고, 이제 실패라면 좀 안다고, 그러니 넘어지는 것도 웃어넘길 수 있다고. 방금 저 터널 너머로 작은 빛을 본 사람만이 가질 수 있는 희망……

그러나 세속은 절망을 주지. 얄팍하고 우스워서 아무것도 아닌 절망을. 내 안에 있는 오물을 막고 있는 단지의 뚜껑은 아주 작았고 그 뚜껑을 연 세속의 병따개는 야목역이었다. 야목역 알아? 수인분당선 야목. 경기도 화성에 위치해 있어. 오프라인 과외를 마치고 기운이 빠진 채로 4호선 중앙역 플랫폼에서 멍때리고 있다가 도착한 지하철을 서둘러 탔고 고개를 들어 보니 야목역이더라. 드물게 드나드는 왕십리행을 잘못 탄 거지. 뭐 어때! 지하철은 언제든 잘못 탈 수 있고 그건 시스템의 장난이 아니라 나의 실수인 거 알아.

나는 실수하지 않기 위해 노력하는 인간이야. 그러다 보면 실수를 줄일 수 있을까? 아니야. 해낸 실수를 더 크게 기억하고 자책하게 돼. 야목역은 무시무시한 역이었다. 다음 열차가 언제 오는지 전광판에 뜨지 않았고, 까짓것 돈 좀 쓰자 싶어서 플랫폼 밖으로 나가며 택시를 잡았는데 카카오T로 15분 거리에 있는 택시까지 요청해도 감감무소식이었지. 나가 보니 알겠더라고. 거긴 정말 아무것도 없는 곳이었어. 과장을 더하자면 고속도로 한복판에 지하철역이 있는 것 같았지.

다시 플랫폼에 돌아와 10분쯤 기다렸더니 전광판에 열두 정거장 전 역에서 열차가 출발하고 있다고 뜨더라.

이후 20분을 더 기다렸어.

사람이 추우면…… 어쩔 수 없이 욕이 나오더라고. 하…… 하는 한숨 뒤에 쌍욕. 어제 노로바이러스에 걸려서 하루간 금식을 하고 아침에 미역참치죽 조금 먹은 게 다인데…… 나는 책임 있는 과외 선생이고 싶었고 화장실을 들락거리며 열심히 과외 준비를 했는데. 일정, 실수, 깊이, 심상. 아…… 나를 버리고 싶다. 생에 세속이 없었더라면, 이런 작은 실수가 나를 완전히 무너뜨리지 않았더라면. 야목역이 좀 더…… 아주 약간만 더 자비로웠더라면. 적어도 오늘만큼은 대의를 위해 살 수 있었을 텐데.

어째서 내 생은 자꾸 나를 비웃는 걸까. 내가 내 결심과 다짐처럼 살 수 없다는 걸, 아주 작은 것이 나를 완전히 무너지게 할 거라는 걸, 실은 나도 다 아는 걸 왜 자꾸 다시 알려 주는 걸까. 왜 자꾸 알려 줘서 결심하는 나 자신을, 아 이제야 안 것 같은 생의 깊이를, 스스로 배반하고 조소하게 하는 걸까. 나는 야목역 개방형 플랫폼에서 덜덜 떨면서 오늘이야말로 정말로 나의 몸을 벗어나고 싶었어. 진짜 하늘나라로 가고 싶다고 생각하며 한대앞역에서 홀리듯 탄 택시 안에서 '자살 테스트'라는 걸 했다. 27점 만점에 22점. 나와 같은 결과 5536명. 상위 15%. 나는 5536이라는 숫자를 기억하겠다고 다짐했어. 내 영혼의 동지는 오늘부터 죽어서 무덤 속에 있는 철학자도, 지성의 꼭대기에서 빛나고 있는 대문호들도 아니고 5536명의 사람들이야. 그 와중에 택시 기사가 난폭 운전을 하기에 안전벨트를 맸다. 그러니 진짜 죽고 싶었던 건 아니었겠지……

야목이라는 제목의 소설을 써 보려고 해.

마지막 장면은 더운 여름 플랫폼에서 20분째 열차를 기다리던 여자가 바닥에 누워 버리는 장면이 어떨까.

어쨌거나, 생의 배반이 영원히 계속되기를. 그리하여 끈기 있게 생을 비웃는 무언가를 통해 내가 나를 끝없이 벗어날 수 있기를 바라며.

| 2023. 01. 18. 10 : 38 PM |

14

Don't Be a Drag!

•

유선혜

우리 다시 사랑과 애정으로 돌아와 보자. 많고 많은 사랑 가운데에서도 가장 무시무시하고 손쉬운 동시에 불가능하게 느껴지는 사랑으로, 나에 대한 사랑으로 말이야.

가끔 샤워를 하다 거울을 보면 참을 수 없이 어색해지는 기분을 느껴. 저 축 처진 어깨와 무표정하고 뭉툭한 얼굴을 가진 사람은 누구지? 푸석푸석하고 긴 머리를 가진 여자, 아니 어쩌면 여자인지조차 확신할 수 없는 낯선 몸을 가지고 나를 바라보고 있는 저 사람은 대체 누굴까? 그리고는 머릿속에 하나의 질문이 떠오르지. 누가 저 사람을 사랑해 줄까?

몇 년 전, 나 자신을 끔찍하게 미워하던 그때가 아직도 생각나. 그때의 참을 수 없는 불쾌감이 생생하게 말이야…… 내가 나라는 사실을 견딜 수 없었고, 나를 받아들일 수 없었지. 내 모습은 진짜 내가 아니라고 생각했고, 자기 전마다 펼쳐지는 엉뚱한 상상 속에서의 내 모습은 현실과는 딴판이었어. 내 옷장에는 없는 처음 보는 옷을 입은 내가 낯선 사람과 함께 걸어가거나, 내가 절대 쓸 수 없는 종류의 글을 쓰는 나를 흐릿한 얼굴들이 둘러싸고 있었지. 내가 그리는 시나리오의 주인공은 분명 나인데, 그건 현실의 내가 아니었던 거야. 내가 현실의 나에게 느끼는 감정은 증오와 비슷했어.

그때 난 이상한 짓도 참 많이 했어. 나 자신이 너무너무 싫어서 저질러 버린 어이없는 일들…… 여기서 죄다 이야기해 버리면 아마 모두 도망갈 거야. 실제로 대부분이 도망가더라고. 그중 아주 귀여운 일 하나만 말해 볼게. 왜, 사람이 못 먹을 정도로 매운…… 대체 어떻게 만들어졌는지 알 수 없는 편의점에서 파는 곱창 같은 거 있잖아, 그거랑 맥주 네 캔을 사서 재빨리 먹고 마시는 거야. 구역질이 나올 때까지. 그리고 목구멍 끝까지 손가락을 넣어서 토를 하고, 눈물을 찔끔 흘리다가 수면제를 여러 알 먹고 자는 거야. 20시간 동안.

이런 이야기를 듣고, 한 친구는 이렇게 말했어. "감기에 걸려서 기침을 심하게 하는 네가 진짜 네가 아니듯이, 그때의 너도 네가 아닌 거야." 나는 일견 그 말이 일리가 있다고 생각했어. 하지만 곰곰이 생각해 보니 잘 모르겠더라고. 그런가? 그때의 나는 내가 아닌 걸까?

자신을 미워하고 힘들어하던 그때의 나와 지금의 나는 무지 달라. 거의 다른 사람이지. 하지만 그때의 내가 진짜 내가 아니라는 이유로…… 기침을 콜록이고 있다는 이유로 고개를 돌려 버리고 만다면, 그때 자취방 변기에 둥둥 떠다니는 소화되지 못한 징그럽고 빨간 곱창 덩어리를 보면서 울고 있던 그 애는 누가 알아주지? 우리가 최소한 감기를 앓으면서 기침을 하는 친구를 외면하지 않는다면, 그때의 나도 누군가는 불쌍히 여겨 줘야 하는 게 아닐까?

나는 과거의 나를 불쌍히 여기는 그 귀찮은 일을 남에게 떠맡길 생각이 전혀 없어. 결국 과거의 나를 죽이든 콘크리트에 섞어서 땅에 묻어 버리든 아니면 잘 씻겨서 장사를 지내 주든, 그건 스스로 해야만 하는 일이니까!

내가 좋아하는 티브이 쇼의 진행자 루폴이 한 말이 있어. "얘, 니가 니 자신을 사랑할 수 없다면, 대체 어떻게 니가 다른 사람을 사랑할 수 있겠니?" 루폴은 참 웃기는 사람이야. 평소에는 이상한 패턴의 쓰리피스 슈트를 입는 대머리 아저씨이지만, 화려한 화장을 하고 가발을 쓴 후, 드레스를 입고 무대에 오르면 루폴은 슈퍼 모델이자 가수이자 댄서이자 커버걸, 바로 드랙퀸이지. 있잖아, 거울을 보면…… 아직도 어색한 눈빛으로 나를 쳐다보는 애가 한 명 있어. 나는 걔한테 한마디 해 주고 싶어. "얘, 니가 너를 사랑하지 않으면, 대체 누가 널 어떻게 해 주겠니?"

그러면 그 애는 등을 펴고 웃을 거야.

| 2023. 01. 22. 11 : 35 PM |

15

비명으로 사랑하기

·

김희수

며칠 전 고문에 대한 에세이를 썼어. 고문의 사전적 정의는 '숨기고 있는 사실을 강제로 알아내기 위하여 육체적·정신적 고통을 주며 신문함'*이고, 드라마를 하도 봐서일까? 고문에 대해 생각하자마자 누명을 쓰고 뜨거운 쇠로 몸이 지져지는 사람의 모습을 상상했다. 몸속에서 녹아 가는 비밀 정보를 역류시키지 않으려고 안간힘 쓰는 얼굴들을.

* "고문", 『표준국어대사전』, 국립국어원.

내가 가장 좋아하는 드라마 〈시카고 타자기〉는 일제 강점기 독립투사들을 다루었고 그들은 강도 높은 고문을 당해. 수장이 누구인지 고하라는 요구에도 철저히 비밀에 부친다.

　　얼마큼 단단한 결심을 지녀야 나를 내어 주고 가족을 내어 주면서도 입을 꾹 다물까. 그들의 마음을 짐작하다 보면 나는 우리집 치와와가 떠올라. 나의 동생, 작고 사랑스러운 치와와가 나에게는 누구보다 두려워. 내 위로 기어 올라와 배를 무겁게 눌러 대는 추거든. 사랑의 무게가 이토록 비대하다니.

　　치와와가 내게 장난감을 물고 오면 방향에 변주를 주며 이쪽저쪽으로 던져 주고, '간식?' 하고 묻기만 해도 신나서 꼬리를 흔드는 치와와에게 귀엽다는 이유만으로 간식을 주지. 방에 들어가 나오지 않는 치와와를 몇 번이고 불러 대고, 새가 짹짹대는 소리를 모사해 보아도 나오지 않으면 서운해하기도 하고. 이런 일상은 너무 즐거워서 꾸역꾸역 얼굴을 들이밀고 싶어.

　　그런데 치와와를 끌어안고 엄마 아빠와 함께

드러누워 티브이를 볼 때마다 왜 아픈 거야? 엄마 아빠와 밥을 먹을 때마다 치와와가 식탁 아래서 나를 올려다보면 왜 몽땅 사라질 것 같은 거야? 단숨에 집이 물에 잠기고 우리 모두 영영 잠겨 가는 모습이 왜 머릿속에서 멋대로 상영되는 거야?

이 세상에서 강아지가 실종되는 일은 너무 흔해서, 치와와가 잠시라도 사라지는 상상을 하면 심장이 아주 얇은 결로 수천 번 벗겨지는 것 같아. 타국에서는 전쟁으로 인해 인간과 함께 살던 동물들이 떠돌이가 되었다고 들었어. 그들은 서로를 얼마나 되찾고 싶을까. 침대에 나란히 누워 잠들고, 느지막이 깨어나 천장을 바라보던 한적한 오전을 말이야. 그들의 마음을 헤아리다 보면 나도 겁이 나. 치와와가 너무 소중해서 두렵고, 사라질지도 모른다는 공포감이 내가 멘 백팩 속에 가득해. 등 뒤에서 천과 실이 뜯겨 나가는 소리가 들리고, 더는 누군가를 사랑하고 싶지 않아져. 사랑하기 이전으로 돌아가고 싶어져.

내일 새벽 갑작스러운 전쟁이 일어날 수도 있잖아. 경기 북부와 서울이 순식간에 마비될지도 모르고. 나의 가족들은 군부대가 밀집해 있는 경기 북부 지역에 머물고 있어. 전쟁이 촉발될 시 어디보다 빠르게 위험에 처할 거야. 나는 곧 복학을 해서 3월부터는 서울에 있는 자취방에 계속 머물러야 해. 운이 나빠서 내가 서울에 머물 때 전쟁이 일어난다면? 금방이라도 터질 듯 끓고 있다는 백두산 화산이 터지면? 우리는 어떡하지? 치와와는 어떡하지?

내 작은 강아지에게도 나에게도 이 세계는 무척이나 살벌해. 생명을 위협하는 요소들이 곳곳에 도사려 있어. 차에 치이고 칼에 찔리고 귀나 꼬리가 잘리고 임산이 몸에 끼얹어질 가능성. 혹은 몸에 고장이 나서 예상했던 시기보다 훨씬 빠르게 사랑하는 이들과 이별해야 할지도 몰라. 분명 재수 없는 소리고, 누군가에게는 터무니없게 느껴질 걱정이겠지만 나는 이 조금의 가능성에도 살갗 타오르듯 아파. 견딜 수 없을 정도로. 조용히 나를 미행하던 염려가 불쑥불쑥 튀어나와 채찍을 휘두르는데, 이게 고문이 아님 뭐겠어.

사랑의 무서운 얼굴을 마주 보며 내가 딱딱하

게 굳어 가는 동안 내 방은 고문장으로 변해. 목구멍을 간질이는 비밀, 나는 기침을 참고 끝내 함구할 수 있을까. 내 사랑의 형량은 길고 어두워. 저기, 채찍을 든 그림자가 손을 올리고 있어.

| 2023. 01. 28. 00 : 09 AM |

16

불의 첫맛

김희수

요새 맞불이라는 말에 빠졌어. 관용구 '맞불을 놓다'의 맞불 말이야. 대치하는 감각이 마음에 꼭 들어. 맞불이라는 말을 발음하면 양쪽 진영이 마주 보며 치열하게 겨루는 전장이 바로 떠올라. 어제는 맞불을 생각하며 일기를 썼고 사전적 정의도 적어 놓았어.

맞불「명사」*
1. 불이 타고 있는 곳의 맞은편 방향에서 마주 놓는 불.

* "맞불", 『표준국어대사전』, 국립국어원.

2. 마주 대고 붙이는 담뱃불.

1번, 2번 정의의 온도감이 조금 달라. 1번은 방화범의 고약한 심보가 떠오르고, 2번은 왠지 로맨틱하잖아. 담뱃불로 키스하는 일이라니. 같은 말에서 파생된 두 가지 의미가 이토록 엇갈려. 대립과 애정은 한 끗 차이라고들 하잖아. 자기혐오가 자기애에서 비롯된다는 말이 생각나. 자신을 극도로 증오하고 자신에 대한 분노로 미쳐 버릴 듯한 마음은 모순적이게도, 자신을 극도로 사랑하는 심리에서 기인한다는 거야.
자신을 헐뜯고 무시하고 증오하는 사람은 정작 타인이 조금이라도 자신을 무시하면 쉽게 분노하지. 내가 나를 정말 사랑하지 않는다면 타인이 내게 무슨 악담을 해도 내버려 두는 것이 맞는데. 양극단은 서로 통한다는 말 여기 붙여 놓을래.

마침 어제 친구랑 양극단에 대한 이야기를 했어. 가까이의 누군가를 혐오하게 되는 힘이 되레 그 반대편에서 오는 것이라고. 그를 너무 사랑하기 때문에 크게 실망을 하고, 내 애정의 대상이기에 망가졌거나 못난 면을 보이는 것이 소스라치게 싫은 것이라고. 나는 이 말을 하면서 가족들 중 하나를 생각했고 성가신 마음이라 여기면서도 당연한 것 같았어. 사랑이라는 자력은 이 극단과 저 극단을 끌어당겨서 나란히 품에 안고 마니까.

나를 사랑한다는 사람이 어떻게 그런 언행을 하냐고,
가족들에게 화날 때마다 말했어. 나를 사랑하고 생각한다면서 왜 나를 싫어하는 사람처럼 행동하냐고, 이유가 뭐냐고 캐물었지. 답은 듣지 못했고, 영원히 듣지 못할 거야. 아마 그들도 모르겠지? 내가 나를 사랑하면서도 때때로 나를 때려죽이고 싶다는 충동에 휩싸이고, 그 이유를 굳이 들여다보지 않으려 하는 것처럼.

며칠 전에는 세계문학전집 명문장 월드컵에 참여했는데, 내가 고른 우승 문장은 "삶이 나를 짓누르기 전에 네가 먼저 삶을 부숴 버려. 삶으로부터 취할 수 있는 모든 것을 취하란 말이야."*였어. 타인이 나

---

* 안톤 파블로비치 체호프, 『체호프 단편선』, 민음사, 2002, p.31.

를 미워하기도 전에 내가 먼저 나를 미워하는 마음과 닮아 있어. 누군가 내 앞에 불을 지르기 전에 내가 먼저 불을 지르는 거야. 이 못난 마음을 어떻게 무덤 속으로 밀어 넣을 수 있는 거야? 이 불길의 손발을 묶어 둘 수 없다면, 맞불을 놓는 것보다 물을 끼얹는 것이 빠를까?

아니면 그 불길에 손을 뻗어서, 불타는 몸으로 마구 돌아다닐까? 모든 곳에 불을 옮겨붙게 할까? 사방이 불길이라면 내게서 지펴지는 불이 더는 도드라지지 않게 되겠지. 누군가 내 입에서 뿜어 나오는 불로 담뱃불을 붙인다면 좋겠어. 두 번째 맞불처럼, 키스하듯이. 나는 그를 타오르는 몸으로 안아 줄 거고, 그럼 나의 고약한 불길이 조금은 괜찮게 느껴질지도 모르지.

| 2023. 01. 28. 00 : 31 AM |

네 번째 일기

17

불길

·

김유나

 생의 불이란 얼마나 크게 번질지 몰라서 두렵고, 예상 밖의 방향으로 옮겨붙기에 두렵지. 하지만 파국마저 아름다울 수 있는 이유는 생의 불이 아무리 크고 무섭게 번져도 언젠간 꺼진다는 걸 알기 때문일까.

 일곱 살 때 집에 불이 난 적이 있어. 가겟방이라고, 가게에 딸린 작은 공간이 집이었지. IMF로 사업이 망한 다음 아빠는 가게를 차리고 거기서 양변기랑 욕조를 팔았어. 유리문을 열고 들어서면 왼편에는 욕조 샘플이, 집이자 방인 곳으로 가는 런웨이(라고 표현할래) 오른편엔 전문가만 알아챌 수 있는 디테일을 가진 양변기들이 전시되어 있었어. 나는 하얗게 빛나는 양변기들이 좋았어. 친구들이 놀러 와서 똥 싸는 시늉을 하면 이상하게 뿌듯했지.

불이 났던 날, 늘 나를 꼴통이라고 부르며 우스워하면서도 크고 작은 장난감을 사 주던 용달차 광룡이 삼촌이 왔어. 그날은 장난감 대신 잠자리를 잡아서 실에 매달아 내게 주었지. 나는 잠자리가 자유로운 바람을 맞으면 좋을 것 같아서 식탁 위로 올라가 벽걸이 선풍기 살에 실을 묶어 두고 놀러 나갔지. 돌아오니 우집 앞에 소방차 세 대가 와 있었어. 과열된 선풍기가 원인이었지.

아빠는 그때 자기가 진짜 망했다는 걸 깨달았대. 이제 더는 일어날 힘이 없다고 생각했대. 소화기 먼지가 묻은 자재들을 닦으면서, 하나라도 살리려고 애쓰면서.

이후의 장면들이 없진 않았을 텐데, 이상하게

도 내 기억 속에선 그게 우리 가족이 함께한 마지막 장면이야. 내가 불을 내지 않았다면, 그래서 아빠를 절망에 몰아넣지 않았다면, 망함에서 한 발 더 망함으로 다가가지 않게 할 수 있었다면 뭔가 달랐을까? 사랑하는 나의-로 시작하는 가족을 가질 수도 있었을까. 이후 우리 가족이 뿔뿔이 흩어지게 된 건 아주 긴 시간이 흐른 뒤였지만, 나는 그 불이 시작이었다고 생각해. 한 사람의 꺾인 무릎을 완전히 주저앉힌 그 불길이 실은 아주 오래간 꺼지지 않았던 거라고.

아직 만나지 못한, 앞으로도 평생 만나지 못할 종류의 불행과 기쁨이 아직 그 불 속에 갇혀 있다는 생각이 들어. 타오르는 불길을 멍하니 바라보는 심정으로 태엽을 감으면 젊은 아빠와 젊은 엄마가 테이블에서 포커를 치고 있고, 하얀색 털모자를 쓰고 나를 쫓아오는 남동생이 있고, 앞머리를 잘못 잘라 옥상에서 우는 큰언니가 있고, 부모님 몰래 늦은 밤까지 전화기를 붙잡고 있는 작은언니가 있고. 하얀색 변기통들, 묘한 무늬의 세라믹 욕조들. 여전히 그립고 사랑해서 되감고 싶지 않은 기억들.

어쨌거나 그때 그 불길은 지금 나를 여기에 데려다 놓았고, 아름다운 건 아름다운 것이고 슬픈 건 슬픈 것이지만 가끔은 그 둘이 구분되지 않기도 해.

| 2023. 01. 31. 04 : 42 PM |

18

하루를 백 년이라고 생각해 봐
·
강우근

　　스무 살 때 친구와 나는 '우리는 아직 망하지 않았어' 놀이를 한 적이 있어. 우리는 수업이 끝난 뒤 잔디가 자라나는 교내의 언덕에서 자주 얘기를 나누었어. 학교에서 수업을 듣기 싫어도 집으로 일찍 돌아가고 싶진 않았거든. 우리는 한 발자국씩 초록 언덕에서 발을 떼면서 "우리는 망하지 않았지만, 아주 조금씩 망해 가고 있어"라고 외쳤지. 해가 지면서 초록 언덕은 붉게 물들고 있었어. 시험을 못 보거나, 과제 제출을 하지 않았던 일화를 떠올리며 "아주 조금씩 망해 가고 있어."라고 외치면 발걸음이 이상하게 가벼워졌어. '망했다'라는 말을 가지고 놀 정도로 우리가 너무 어렸던 시절을 보내고 있었기 때문일까.

한번은 정말 심한 무기력함에 시달린 적이 있는데, 그건 죽음에 대한 공포 때문이었어. 청소년 시기에 누구나 한 번쯤은 죽음이라는 단어가 몸을 통과하는 느낌에 몸이 마비되어 버리는 기분을 느끼잖아. 그 공포가 성인이 되고 나서도 이유 없이 찾아올 때가 있었지.

그 공포에서 벗어나기 위해서 하게 된 놀이가 하나 있는데 그건 '하루를 백 년이라고 생각해 봐'였어. "지금 자고 일어나면 백 년이 지나 있는 거야"라고 말하고 잠에 빠지면 시간이라는 것이 터무니없이 가벼워졌어. 나는 다음 날 백 년 후에 깨어난 사람이 되어서 샤워를 하고, 옷을 입고, 집을 나가서 사람들을 만났어. 그 놀이는 백 년이 이미 지나 죽은 내가 이십대로 돌아와서 깨어나는 이상한 기쁨을 주기도 했어. 그렇게 나는 만 년 넘게 살게 되었을까.

영화관의 스크린 속에서 수없이 망해 가는 인

물을 보고 난 뒤 거울을 보고, 시끌벅적한 거리를 걷는 것도 생경한 기분을 주곤 했지. 지금 두 손과 두 팔이 움직이네. 가장 빠른 속력을 내서 달리기를 해 볼 수 있네. 늙어 가는 동시에 내 몸 안에서 새롭게 생겨나서 자라나는 세포가 있네. 세포처럼 생겨나는 겨울의 첫눈을 맞는다는 것은 살아가면서 느끼는 가장 큰 기쁨 중 하나야. 수많은 세기 전부터 매년 내려왔던 가장 최근의 눈을 동시대인으로서 본다는 걸 어떻게 표현할 수 있을까.

    공룡의 등을 뒤덮던,
    동굴 벽화를 그렸던 크로마뇽인의 손을 차갑게 했던,
    수많은 전쟁의 역사 속에서 인간의 발을 묶이게 했던,
    폐허가 된 서울에서 다시 지어진 건물의 옥상에 내려앉았던,
    IMF가 터졌을 때 누군가가 꿇은 무릎에 스며들었던,
    눈이 지금 21세기에 태어난 아이들의 "아아" 벌린 입속으로 들어간다는 것.

눈은 세상의 모든 형태에 평등하게 내려앉아. 구름을 이루는 물방울들이 기온이 낮아져서 얼음 형태로 떨어지는 것에 눈이라는 이름을 붙이는 세계를 나는 사랑할 수밖에 없구나. 지구라는 기후를 사랑할 수밖에 없구나. 눈이 내릴 때마다 느껴지는 차가움에 도무지 익숙해지지 않는구나. 눈은 눈의 역사 속에서 나는 인간의 역사 속에서 가장 최근의 존재가 되어서 서로 마주하고 있네. 나라는 인간은 지상에서 오늘도 눈에 의미를 붙이는 수행원이 되어 가네. 이런, 나는 아직 내게 오지 않은 미지가 벌써 그리워지고 마네.

| 2023. 02. 04. 11 : 19 PM |

19

베껴 쓸 답지가 없다는 것은

•

유선혜

요즘은 겨울잠을 자고 있어. 아무리 많은 눈이 와도 알아차리지 못하고 자 버리지. 새벽에 겨우 잠에 들어서 눈을 뜨면 이미 해는 저물어 있고 베란다의 큰 창을 봐도 밖은 어두워서 눈이 얼마나 왔는지 가늠할 수 없어. 그리고는 멍하니 누워 있다가 힘이 쭉 빠진 몸을 억지로 일으켜서 저녁을 먹는 가족들과 첫 끼를 먹곤 해.

지금 나는 수명을 다한 건전지 같아. 팔을 들어 올리는 데에도 많은 용기가 필요하지. 그래서 그런지 사랑하던 것들을 여전히 사랑한다고 이야기하기가 무서워. 배를 꾹 누르면 "아이 러브 유"라고 말하는 곰돌이도 배터리가 있어야 소리를 낼 수 있잖아. 요즘 가장 무서운 일은 글을 쓰고 싶은 마음이 들지 않는다는 거야. 예전에는 시가 나를 살게 한다고, 시를 쓰는 일 때문에 나는 살아 있는 거라고 믿었었는데. 요즘은 가끔 모든 게 숙제처럼 느껴져. 정말 풀기 싫지만 3단원 B단계까지 모두 풀어 가야 하는 수학 문제집처럼 말이야.

고등학교 1학년 때, 나는 수학을 잘 못했어. 그래서 엄하지만 잘 가르친다는 어느 학원을 찾게 되었고, 나는 거기에 다니게 되었지. 선생님은 30대 후반쯤으로 보이는 남자였는데, 탈모가 심하고 눈이 약간 미친 사람 같았어. 나에게 이대로 가면 원하는 대학에 가지 못할 거라면서 엄청나게 많은 숙제를 내 줬고, 문제를 풀 때의 모든 풀이 과정을 노트에 적어 오라고 했어. 물론 나는 숙제가 너무 하기 싫었지. 그래서 답지를 아주 그럴듯하게 베껴 가기 시작했어. 고민한 흔적인 척 일부러 공식을 지웠다가 다시 쓰기도 하고, 적절한 비율로 잘못된 답을 적어 가면서. 나는 수학 실력이 느는 대신, 답지를 베끼는 실력이 늘고 있었어.

어느 날 선생님이 한 문제를 짚으면서, 이 문제의 풀이 과정을 설명해 보라고 했어. 내가 내 실력으로는 한 번에 맞추기에는 너무 어려운 문제의 답을 적어 갔던 거야. 선생님은 그런 내가 의심스러웠고, 물론 나는 대답을 하지 못했지. 그날은 엄청 혼이 났어. 그리고 난 그날로 그 학원을 그만두었고.

나는 수학 문제 푸는 일을 한 번도 사랑해 본 적이 없어. 학년이 올라가고, 점점 수학 실력이 늘어서, 가장 어려운 21번과 30번을 풀 수 있게 되던 순간에도, 수학을 사랑한다는 생각을 단 한 번도 하지 않았어. 어쩌면 애정이 없는 일이었기에 답지를 베낄 수 있었다는 생각이 들기도 해. 사랑하는 일에는 최선을 다하고 싶은 법이니까. 시를 열을 다해 쓰고 싶은 것처럼 말이야.

이제는 베낄 답지도 없고, 나를 혼내는 사람도 없지. 그러니까, 이 모든 건 숙제가 아니라는 뜻이야.

그래. 시를 쓰는 일은 숙제가 아니지. 그건 내가 사랑하는 일이야. 어쩌면 더 이상 소리를 내지 못하는 곰 인형도 겨울잠을 자야 할지도 모르지. 동굴에 틀어박혀서 아주 오래도록 말이야. 긴긴 잠을 자고 세상으로 나오면, 어느새 눈은 모두 녹아 있고 다시 "아이 러브 유"라고 말할 힘이 생길지도 몰라. 나도 동굴 안에서 그런 날을 기다리고 있어. 사랑하는 것들을 다시 사랑한다고 말할 수 있는 날을.

| 2023. 02. 11. 03 : 12 AM |

20

문
·
황용하

현긴 초인종이 계속해시 울러. 할아버시가 찾아왔네. 아빠는 문을 열지 않는다. 할아버지는 어떻게 찾아왔을까? 아빠는 지금 살고 있는 집 주소를 다른 가족들에게 꽁꽁 숨겼는데. 아마 할아버지는 가족관계등록부를 떼어 본 것 같아. 그곳에 등록된 아빠의 주소지를 확인했나 봐. 무슨 얘기를 하러 온 거지? 꾹 참아 왔던 얘기. 지금 아니면 못 하는 얘기. 마음에 담긴 응어리처럼 초인종 소리가 집안을 가득 메우고 있어. 그리고 이제는 문을 두드리네. 처음에는 손으로 두드렸다가 이제는 단단한 고철로 문을 두드리고 있어. 주변의 개들이 허공을 향해 짖기 시작해. 전에는 이런 식으로 문이 부서졌지. 그땐 내가 중학생이었고 아빠는 경찰을 불렀었어. 부모가 자식 집에 찾아오는 게 죄냐고 할아버지는 경찰에게 말했었지. 나는 지금 방 안에서 그 기억이 내 침대 위에 누워 있는 것을 봐. 요상한 소리를 내고 있네.

금방이라도 문은 부서질 것 같은데 아빠는 여전히 문을 열지 않아. 무언가를 말하고 싶은 한 사람의 마음과 어떤 얘기도 듣고 싶지 않은 한 사람의 마음이 문 하나에 가로막혀 아슬아슬하게 유지되고 있어. 대체 무슨 얘기일까? 어쩌면 자신이 사랑하는 것에 대한 얘기겠다. 너무 사랑한 나머지 한없이 두렵기도 한 것. 지금 당장 토해 내고 싶은 것. 자신의 머리에 총구를 겨누는 사람의 마음이나 끝도 없는 하얀 눈밭을 맨발로 걷는 사람의 마음 같은 것. 문밖에는 이제 두려움에 떨고 있는 한 사람이 서 있는 것 같아. 그리고 문 안에서도 지금 한 사람이 두렵지. 그들은 대체 무엇에 이토록 떨고 있는 걸까? 어쩌면 아빠는 지금 머릿속에 떠오르는 할아버지가 두려워. 어렸을 때 올려다본 할아버지의 모습이 지금 문밖에 있을 테지. 할아버지와 함께한 지난 세월과 대화 그리고 몸싸움. 할아버지를 사랑하면서도 어설픈 방법으로 대하고 있는 10살짜리 소년이 지금 나의 아빠네. 나도 이런 식으로 아빠에게 겁이 날 때가 있지. 근데 왜 아버지들은 하나같이 무섭기만 한 거지?

　　사랑하는 것을 다루는 마음은 언제나 어설픈 것 같아. 문밖의 할아버지도 이게 옳은 방법이 아니라는 것을 알 거야. 문을 두드리는 소리가 잠시 멈췄어. 끝내 방아쇠를 당기지 않은 사람처럼. 번지 점프의 줄을 꼭 붙잡은 사람처럼. 문은 열리지 않아. 언제나 진심으로 사랑하는 것은 불가능하게 존재하는 길지도 몰라. 다가가면 다가갈수록 반자성에 의해 멀어지고, 강하게 끌어안으려 할수록 힘에 겨워. 총구를 겨누는 대신 보내 주어야 할지도 몰라. 어쩌면 멀어지는 것을 지켜보는 게 사랑을 위한 태도 아닐까? 대신 멀찍이 같이 걷기만 하는 거야. 흐릿하면서도 천천히 오랫동안. 문을 두드리게 하는 무언가도 그만 놓아주어야겠지. 진심으로 전달되고 다가가고 싶더라도 끝내 맞닿지 않은 채로 있는 것이 가장 좋은 상태일지도 몰라. 그 문은 절대 열리지 않는 거야. 그 문

앞에서 누군가는 손이 퉁퉁 붓고, 누군가는 머리에 총을 발사하고, 누군가는 아무도 모르게 이름 없는 섬으로 들어가 남은 생을 홀로 보낼 거야. 부끄럽게도 모두 사랑하고 있는 것이 있어서. 어쩔 줄을 몰라서 그럴 테지.

| 2023. 02. 15. 09 : 25 PM |

21

샤워해도 돼요?

•

김희수

　　나는 마보아. 분명 내 전에는 무말사선서를 날 줄 알았고, 분기마다 친밀했던 친구들이 있었고, 바짝 몰두했던 애니메이션과 소설들이 있었는데 다 까먹었어. 마을 냇가에서 바위를 들어 올려 잡았던 가재들, 영어 발음이 우수했던 나를 예뻐했던 원어민 선생님, 13년 넘게 교회 주일 예배에 개근을 했던 사실도 오래 까먹고 있었어. 언제나 만질 수 있을 거라고 생각했던 것들이 지금은 근거리에 없어. 다시 와 보라고 손짓해도 그들은 들어먹지를 않아. 그들도 나를 까먹은 것 같아. 우리는 손뼉을 맞대고 짝짝 소리 내기를 좋아했는데. 단숨에 서로를 감쪽같이 없애다니. 처음부터 없었던 것처럼 아무렇지도 않다니.

나는 엄마 복중에서도 예배를 드렸대. 어렸을 적부터 나는 기도문을 줄줄 외는 아이였고, 주일 예배에 꼬박 출석해 성가대를 섰지. 생후 오 개월 즈음 유아 세례를 받았고 고등학생 때까지는 교회에 단 하루도 빠진 적이 없어. 엄마는 부모의 신앙으로 자식이 세례를 받은 것이라고 말했지. 그럼 세례를 받았으니 나는 영원한 하나님의 백성인 건가? 골몰해 봐도 아니었어. 교회에 가지 않은 지 오 년이 넘었거든. 무려 나를 낳은 사람이 나를 하나님에게 내어 주었는데 나는 왜 교회 밖 사람으로 길러졌을까.

유치부, 초등부 예배를 성실히 거치다 보면 엄마 아빠보다 하나님을 사랑하는 아이가 될 수 있었어. 반대로, 교인이 아닌 사람들은 악마와 다름없어졌지. 모두 구원이 필요한, 불쌍한 사람들이 되는 거야. 나의 사랑스러운 절친들까지도. 그들이 죽으면 지옥에 갈 것이 뻔하니까. 교회에 다니는 나는 선택받았고, 교회에 다니지 않는 그들은 선택받지 못했으니까.

사랑하는 사람들을 두고 나 혼자 천국에 가는 상상을 자주 했어. 그래도 이건 그나마 괜찮은 축에 속해. 참을 수 없는 것은 천국에 간 엄마와 내가 서로를 못 알아보는 상상이야. 언젠가 들었는데, 천국에서는 현재 삶 속의 모든 관계가 청산된대. 그런데 천국에 간 우리 모녀가 서로를 못 알아볼 걱정은 하지 않아도 될 것 같아. 하나님의 말씀대로 나는 지옥불에서 영영 타오르게 됐거든.

하나님이 나를 사랑한다면, 아니, 우리를 사랑한다면 왜 내가 여성을 사랑하게 했을까? 다른 이도 아니고, 세상 누구보다도 하나님을 사랑하는 엄마의 뱃속으로부터 왜 나를 탄생하게 했을까?

대대적으로 목사님이 예배에서 호모포빅한 주제를 다루던 때가 있었고, 무언가 잘못되었다고 생각하자마자 나는 교회에 가지 않았어. 하나님을 까먹으려고 했고, 몇 년이 지나니 성공에 가까워지고 있어. 아직 사후 세계가 있을까 봐, 하나님이 정말 존재할까 봐, 내가 틀려먹은 존재일까 봐 겁먹어. 이 공포들은 아직 까먹지 못했어. 다행히 하나님은 나를 지독

하게도 까먹은 것 같아. 하나님이 먼저 나를 포기했으니, 내 세례 무효이겠지.

이제 나는 스스로 나를 씻길 거야. 영혼의 때가 거무죽죽하게 벗겨질 때까지 내가 나를 매만질 거거든. 욕조의 물이 계속 투명할지도 모르지만, 아주 오래전 나를 씻겨 낸 물의 온도를 나는 영영 모를 거야.

| 2023. 02. 20. 04 : 19 AM |

다섯 번째 일기

22

Nirvana

•

유선혜

예수님은 천국에 가야 한다고 하지만, 부처님은 모든 것이 사라져야 한다고 말해. '이 모든 것은 고통이다.' 이 시니컬한 문장은 불교의 아주 기본적인 교리 중 하나래. 우리는 태어나 버렸기 때문에 늙고, 병들고, 아프고, 죽음을 맞이하게 되잖아. 그리고 집착을 하게 돼. 자신에 대해, 돈에 대해, 사랑에 대해, 가족에 대해, 삶에 대해…… 사람마다 다르지만 우리는 욕심을 가지고 무언가를 뒤쫓으며 살아가니까. 무언가를 너무나 원하면 필연적으로 고통스러울 수밖에 없지. 레고 블록이 더 많이 가지고 싶은 아이일수록 마트 바닥에 누워 더 크게 우는 것을 알잖아. 그리고 장난감을 순순히 손에 쥐여 주는 부모는 없어.

그래서 부처님은 모든 것이 무상하다는 것을 깨달아야 한다고 했대. 우리는 비어 있고, 찰나마다 사라지고 생겨나고 다시 사라지는 그런 존재이기 때문에 그것을 깨달으면 우리는 모든 고통이 사라진 열반에 오를 수 있다고. '열반'이라는 단어는 원래 '모든 불이 꺼진 상태'라는 뜻이래. 마음의 모든 집착과 고통이 사라지고 빛과 불이 꺼지고 아무것도 보이지 않고, 보려고 하지도 않는 고요한 상태가 되는 거야. 그게 바로 부처님의 마음인 거지.

나는 이런 이야기가 제법 마음에 들어. 하지만 한편으로 열반에 대해 곰곰이 생각할수록 느껴. 나는 절대로 부처가 될 수 없다는 사실을!

부처님의 말에 의하면, 우리를 고통으로 이끄는 원인 중에는 '애(愛)', 그러니까 사랑도 포함된다는 것을 알고 있니? 우리는 어떤 것을 사랑하니까, 집착하게 되고, 상처 받고, 헛된 욕심이 생기는 거야. 사랑이 우리 마음에 꺼지지 않는 번뇌의 불길을 만들어서 활활 타오르게 하고 그 불길은 걷잡을 수 없이 커지다가 우리 마음속의 산소가 다하고 나면 힘없이 사라지는 건가 봐. 그렇게 모든 게 지나고 난 후 재가 된 마음속에는 폐허만 남게 되는 건가 봐. 모두 타 버린 숲에는 아무도 집을 짓고 살아갈 수 없잖아, 그래서 우리 마음은 사랑을 하고 나면 쓸쓸해지는 건가 봐.

그런데 나는 이 불길이 없으면 살 수 없어. 새빨간 불이 마음속에서 피어오르지 않으면, 그래서 연기가 내 방에 가득 차지 않으면 살아 있다고 느낄 수 없어. 이 모든 게 다 버려서 낭상이나도 숙어 버릴 것 같은 감각이 없다면…… 심장에서 퍼져 나가는 불티들이 글을 쓰게 하고, 시를 읽게 하고, 나를 깨어 있도록 만드는걸. 깨어 있는 자신을 자각하는 건 필연적으로 우리를 고통으로 이끌지. 가끔 거대한 불길에 휩쓸려서 모든 게 끝나 버릴 것 같은 느낌이 들기도 해. 그러나 이 고통은 사랑으로 인한 거니까. 사랑하지 않았다면 아프지도 않았을 거야.

책을 너무 사랑해서 한 줄도 읽기 싫고, 노래를

너무 사랑해서 당장 꺼 버리고 싶고, 누군가를 너무 사랑해서 증오한 적이 있겠지. 그리고 자기 자신을 너무너무 사랑하기에 콱 죽어 버리고 싶었던 적이 있겠지. 나는 이 고통을 그냥 내버려 두기로 했어. 죽은 나를 태우면 내 몸에서는 아무것도 나오지 않을 것 같아. 마음속의 방화범을 가만히 바라만 봤기 때문이지. 나는 세상을 사랑해서 영영 고통스러운 중생으로 남기로 했어.

│ 2023. 02. 28. 07 : 10 PM │

23

틱택토
·
황용하

공원 두 바퀴를 놀고 차 안으로 다시 돌아왔네. 마스크와 장갑을 착용해도 뺨과 손마디가 차가워지는 겨울. 이제는 집으로 돌아가야겠어. 돌아가기 전에 몇 번의 차선을 변경하고 몇 번의 신호등을 거쳐 어떤 생각을 거두며 집에 도착하겠지.

공원에서 걷다 보면 명료해지는 것들이 있어. 어둡게 뻗은 가지들이 가로등의 불빛을 껴안고 있다는 것. 이따금 대포알 같은 소리가 들리면 공원의 저수지에서 커다란 얼음이 갈라지고 있다는 것. 벤치에 앉은 누군가가 남몰래 눈물을 흘린다면 어떤 생각이 너무 가까이서 속삭이고 있다는 것.

　　공원에서 몇 바퀴를, 아니 몇 걸음을 걷는 동안에도 누군가는 또 차를 몰아 공원에 도착해 장갑을 끼고, 누군가는 의자 등받이를 뒤로 젖히곤 메탈 음악을 틀고, 누군가의 집에서 내가 사랑했던 옛 애인이 처음 같은 사랑을 속삭이다 잠이 들겠지. 모든 것은 빗물처럼 쏟아지고. 우리는 어설프게 젖어 가고. 나무 밑에 놓인 눈사람의 녹아내리는 두 눈처럼 목격해야 하는 일이 있지.

　　그럴 땐 나를 따라 걷고 있는 내 생각만이 고통일 거야. 내가 할 수 있는 일은 그저 공원 두 바퀴를 내 생각보다 먼저 걸어 보는 것. 그러나 나의 고통은 내가 증오했던 곳으로 자꾸만 되돌아가 사랑을 나누네. 공원을 걸으면 어느덧 나는 처음 출발했던 그 자리에 와 있고, 아직 사라지지 않은 증오와 어딘가 저릿한 사랑의 감정만을 느끼고 있지.

　　공원 너머 야간 도시의 불빛들은 어느 숲속 나

뭇가지 사이에서 본 이름 모를 새의 노란 날개처럼 있고, 그 날갯짓을 따라가다 보면 어느덧 나는 집 앞. 내가 증오하고 사랑하는 거대하고 네모난 콘크리트 알.

나는 이곳에서 수많은 밤 나의 미래를 떠올렸네. 언젠가는 나도…… 언젠가는 나도…… 뽀얀 아기 같은 노래들을 부르면서. 그러나 그것들은 이미 다 커서 집을 나갔네. 태연하고 뻔뻔하게. 천천히 발걸음을 옮겨 봐. 다시금 공원을 걷는 것처럼 대리석 계단을 밟고 현관문에 다가가. 이 순간에도 내가 모르는 일들이 어디선가 일어나고, 내가 놓친 수많은 손이 다른 손들을 잡고 있겠지. 마지막 주문을 걸어 보듯 현관 비밀번호를 누르고 문을 열면, 양치식물이 가득한 이국의 공원이 다시금 펼쳐지는 거야. 이곳에는 아직 깨지지 않은 알 하나가 침대 위에 덩그러니 누워 있는 거야. 내일이면 거기서 무엇이 나올지 모르지만, 나는 처음처럼 이것을 품고 걸으며 여전히 사랑하고 아낀다고 노래해 주는 것.

그렇다면 이것은 나를 이끌고 공원을 최소한

두 바퀴는 걷게 하겠지. 어쩌면 나를 태워 훨훨 날아갈 거야. 고통을 사랑해도 부끄럽지 않은 나라에 도착하고 말 거야.

| 2023. 03. 06. 02 : 55 AM |

24

방화수류정

•

김유나

생일엔 사랑하는 사람과 수원화성을 걸었지. 우리의 사랑은 걷기의 역사. 꼭 해 보고 싶은 이상한 짓을 묻는 그에게 나는 '네 발로 오르막길 걷기'를 말했어. 나도 해 보고 싶다. 그가 답했지. 그렇다면 아무도 우리를 우스워하지 않겠다! 두 놈이 그러고 있으면 두려워할 거야. 그래서 빙 둘러 피해 갈 거야. 우린 움직이는 섬이 될 거야.

우리가 처음 만났을 땐 둘 다 가진 것이 없었고 그래서 많이 걸었지. 걷기는 건강에 좋다. 걷는 데는

돈이 안 든다. 돈을 주울 수도 있어. 관점에 따라 재미있을 수 있으며 운명적 장면을 만날 수도 있지. 내리는 눈이나 우리를 위해 고장 난 것 같은 가로등. 오래된 내 점퍼의 주머니는 왜 그렇게 넓었던지, 맞잡은 두 손이 주머니에 쏙 들어갈 수 있었지. 세상은 춥고 우리가 먹을 건 봉구스 밥버거밖에 없고 음료 한 잔을 사서 놀이터 그네에 앉아 흔들흔들 나눠 마셨지만 할 말이 끊이지 않았지. 우리는 책을 읽고 영화를 보면서 감동하고 서로의 생각을 남김없이 훔치고.

멀리서 보면 그 시절 각자의 삶은 불쌍했지만 우리는 서로의 꿈을 존경했지. 내 몸이 부서져도 깨어지지 않을 것 같았던 품속의 알이 상대에게도 있었지. 유일하게 소중했기에 말했다가 비웃음을 살까 봐, 그래서 내가 서글퍼질까 봐 말하지 않았던 소설이라는 꿈을 고백했을 때 대학에 가라고 한 것도 그 사람이었지. 그때부터 서로의 알을 함께 품기 시작했지. 아주아주 부자가 된 것 같았던 시절.

사랑해 사랑해. 내 사랑을 훔쳐 가면 머리통을 깨부술 거야. 팍팍.

나도 사랑해. 날 떠나면 다리를 분질러버리겠어. 뜯어먹어버리겠어.

눈알을 조사버리겠어.

귀여운 사랑을 속삭이던 우리.

생일날 사랑하는 사람과 수원화성을 걸었지. 잔디밭에 누운 고양이에게 말을 걸고 계단을 내려올 때 서로의 팔을 잡아 주었지. 산책로의 종착지는 방화수류정. 방화수류정, 방화수류정, 불러 보다가 어딘지 아름답고 파괴적인 화학 물질 같은 어감이군. 생각했지. 그러고 보니 아름다운 화학 물질은 대체로 파괴적이군. 방화수류정을 나의 사랑 화학 기호로 만들어 버려야겠다!

뒤돌아서 왔던 길을 되짚어 오르며 우리는 그 시절의 무언가를 잃어버렸지만 허무하지만은 않고, 이렇게 서로의 목격자가 되어 곁에 있는 것이 희한하다고 생각했지. 갖은 꼴을 다 보고도 도망쳐 지름길로 향하지 않다니…… 하긴 우린 연애 때도 늘 길을 둘러 갔으니까. 지름길은 필요가 없었어. 카페에 앉아 종아리를 주무르며 창밖을 보는데 불쑥 편지가 내밀어졌고,

유나는 나이가 들수록 멋진 사람이 되어 가고 있어. 모든 면에서 안정되고 잘한다는 것이 아니라 계속해서 흔들리면서도 쌍욕 한 번에 마음을 다잡고 앞으로 나아가려 하고 있으니까. 우리가 나이 들수록 힘든 건 그만큼 더 광기와 열정이 있기 때문이지. 더 좋은 사람이 되고 싶고, 더 좋은 삶을 살고 싶고, 서로에게 더 멋진 모습을 보여 주고 싶으니까. 나는 우리의 그런 오늘에 더없는 자부심을 느껴. 최고로 힘든 시절을 함께하고 그 시절을 버텨 냈으니 이제는 조금씩 나아질 일만 남았을 거야.

더 반듯하게 각이 잡히지 않은 오늘을 슬퍼하던 내게 멋지다고 해 주는 사람. 우리는 무언가를 잃어버렸지만 허무하지만은 않고, 그건 서로가 품속에 있는 연약한 알을 지키기 위해서 얼마만큼 무너지고 두려워했는지 알기 때문이겠지. 그런 마음으로 옮긴 발걸음을 존경하기 때문이겠지. 우리가 할 수 있는 건 어쩌면 걷는 일뿐일지도 몰라. 방화수류정, 방화수류정, 신비로운 방향으로.

| 2023. 03. 06. 02 : 38 PM |

25

사물들의 우주*

강우근

내가 걸으면서 가장 좋아하는 순간은 아무런 생각을 하지 않을 때야. 그건 잠을 잘 때도 마찬가지야. 조용히 아무런 꿈을 꾸지 않고 일어난 아침이 이어지기를 바라. 살아 있으면서도 가장 조용한 상태를 나는 좋아해. 그래서 식물과 나무를 좋아해. 식물과 나무의 조심스럽고 무용한 꿈을 좋아해. 식물과 나무가 스스로 움직인 적은 없겠지만, 나는 움직인다고 생각해. 내가 잠에 빠져 있을 때면 모든 것이 움직인

* 철학자 스티븐 샤비로가 쓴 책 제목.

다고 생각해.

　가끔 그런 상상을 해. 서울시가 잠들어 있을 때 나무들이 걸어 다니는 상상을, 너구리들이 한강에 나타난 상상을, 나의 집에서 씻기다 만 접시가 물기를 툭툭 털어 버리고 창문 바깥으로 나가는 상상을. 그 접시는 바깥에서 떠돌아다니면서 누군가에는 비행접시로 보이고, 바람에 날리는 모자처럼 보이기도 하겠지. 여러 번 공중에서 깨지다가 다시 눈 깜짝할 사이에 모습이 생성된 접시는 '쨍그랑' '째쟁' 음악을 만들어 내기도 하겠지.

　내가 상상한 것이 물리적이지 않다고 해서 사실이 아니라고 말할 수 있을까. 이미 어떤 물체의 변형을 만난 것처럼 마음은 변화하고 있어. 한번은 환상시를 쓰는 선생님께서 환상이 "거의 체험한 것에 가까웠다"라고 말씀하신 적이 있어.

　환상은 단번에 나타나는 것이 아니라 서서히 고정된 일상에 균열을 내면서 일어나. 모두 남모를 꿈을 꾸고 있는 것처럼. 그렇게 내가 잠들어 있을 때

책상은 내가 사 온 책을 나보다 먼저 다 읽어 보고, 옷장은 내가 어디를 외출했는지 옷의 냄새를 맡으면서 나에 대한 수다를 떨지. 참 세상에 비밀이 없구나. 참 세상에 비밀은 많구나. 나 또한 꿈을 꾸는 사물들처럼 환상에 가까운 일을 겪어. 화장실에서 긴 시간 동안 샤워를 하고 있을 때 나는 눈을 감으면서 창 바깥에서 비를 맞는 식물이 되고, 비라는 것이 신기해서 티셔츠가 젖는지도 모르는 채로 비를 맞고 또 맞는 아이가 되기도 해. 욕실이라고 말했을 때부터 욕실은 다른 꿈을 꾸기 시작하는걸.

사람들이 우리의 이름을 불렀을 때부터 그 기대하는 이미지로부터 멀어지고 싶어지는 것처럼. 나는 때때로 어떤 기능도 하고 싶지 않다는 생각을 해. 사물들이 어떤 꿈을 꾸는지 다 알 수는 없겠지만, 사물들에게 부여된 고정된 의미 이상의 꿈을 그들이 꾼다는 것은 알고 있어. 그렇게 사물들이 원하는 꿈을 내게 조금씩, 조금씩 들려 주기를 바란다. 사물과 함께 내가 변형되기 위해서, 우리가 공동의 꿈을 꾸기 위해서. 내가 소유했다고 생각한 사물이 나를 소유하고 있는지도 모르지. 그러니 나를 빌려 가기를, 나를 마구마구 빌려 가서 내 영혼 속으로 들어와서 가끔 내게 말을 걸기를. 사물들이 원한다면 나는 언제든지 사물들의 꿈에 나를 맡길 것이야. 바람에 따라서 주름의 모양이 퍼졌다가 오므라들면서 날아다니는 천처럼.

| 2023. 03. 12. 08 : 45 PM |

26

제트에게

·

김희수

　작년 이맘때, 클럽에서 놀고 있을 때였어. 당시 술에 덜 취해 클럽에 온 터라, 별로 흥이 나지는 않았어. 조명도 무섭게 번뜩거리고, 트램펄린 타는 발들처럼 음악도 쿵쿵 뛰어오르고. 맨정신이어도 제정신은 아닐 수 있었어. 다행히 함께 온 친구들은 신나 보였어.

　나는 휴대전화를 쳐다보면서 몸을 약간씩 흔들기만 했어. 그러다 친구가 잡아끌어서 휴대전화 화면을 켜 둔 채로 춤을 췄어. 그 시간은 아주 잠시였고,

다시 휴대전화를 보니까 내가 낯선 번호로 전화를 걸고 있었어. 공일공이었고, 알지 못하는 번호여서 일단 끊었어.

누구일까 싶어서 번호를 저장하고, 카카오톡 프로필을 확인했어. 당연히 '누구?', 'ㄴㄱㅅㅇ' 같은 이름으로 저장했을 거야. 갸우뚱하고 있는 내게, 옆에 있던 친구가 "어, 그거 제트 번호 아니야?" 말했어. 나는 친구와 서로의 휴대전화로 카카오톡 프로필을 대조해 보았어. 내가 저장한 번호의 주인공은 제트가 맞았어. 친구와 나는 찰나, 눈빛을 교환하고 동시에 엘리베이터로 향했어. 빨리 클럽 밖으로 나서야 했어. 아무리 생각해도 그럴 리가 없었거든. 그래서는 안 됐거든.

나는 제트의 전화번호와 온갖 메신저를 차단해 놓은 상태였어. 같은 동네에 살았지만 이 년 가까이 한 번도 제트와 마주치거나 다시 제트에게 연락한 적이 없어. 문자 기록도 다 삭제해서, 연락을 하려고 해도 할 수가 없을 거였어. 그간 제트를 한 번도 그리워한 적이 없었는데, 도대체 왜?

통화 기록을 살펴보아도 제트가 나에게 전화를 건 흔적은 없었어. 문자도 오지 않았고. 말했듯이 나는 일 년도 전에 제트의 모든 연락처를 차단해 두어서 제트가 나에게 소식을 전달할 수조차 없었어.

클럽 밖에서 제트의 번호로 다시 전화를 걸었어. 수신음은 오래 지속되었지만 전화를 받지는 않았어. 따라 나온 친구는 놀란 얼굴로 "뭐야? 너희 다시 연락해?" 물었고, 나는 고개를 저었어. 친구도 과거 제트와 친밀하게 지내던 사이였었거든. 제트에게 한 번 더 전화를 걸었지만 여전히 전화를 받지 않았어. 나는 곧장 메시지를 남겼어.

[잘못 걸었어 미안]

졸지에 구질구질한 전 애인이 되다니. 별수 없이 친구와 함께 다시 클럽으로 올라갔고, 나는 그날 제대로 놀 수 없었어. 내가 제트의 번호를 차단해 두었다는 것도 까먹고 제트에게 답장이 오지 않는다는 사실을 내내 신경 썼거든.

그날 이후, 주변 사람들에게 클럽에서 내가 제트에게 전화를 걸고 있었다고 이야기했어. 그러던 중 누구는 "네가 예전에 제트 전화번호를 외웠고, 그래서 무의식 중에 전화를 걸게 된 거 아니야?"라고 말했고, 당연히 그럴 리는 없었어. 나는 기억력이 무지 좋지 못하고, 따라서 제트의 번호를 외우려 시도하지도 않았고, 그때 나는 술에 취하지도 않았으니까.

수소문해도 주변에 나와 비슷한 경험을 한 사람은 없었어. 누군가 통신사에 전화해 물어보라고 했는데, 그럴 의욕까지는 없었어. 희한한 경험담 정도로 담아 두기로 했고, 실제로 세 달간은 그랬어.

평소처럼 시도 쓰고 학교에 다니며 이상 없이 살았어. 그러나 어느 날, 휴대전화에서 제트의 전화번호를 발견했어. 아직 나의 긴급 연락망에 제트의 번호가 저장되어 있었던 거야.

그제야 다 이해되었어. 클럽은 재난처럼 시끄럽고, 나는 춤을 추느라 몸을 움직였을 테고, 내 옆의 친구들의 진동까지 나에게 부딪혀 왔겠지. 휴대전화는 내가 위험하다고 판단했을 수도 있고, 모르는 사이 내가 스스로 SOS 버튼을 눌렀을 수도 있어. 그러니까 내가 제트에게 전화를 걸 수 있었던 거야.

그간 나는 휴대전화처럼 제트를 늘 쥐고 다닌 거야. 비어져 나오지 못하게 제트를 사각으로 꾹꾹 눌러 담았던 거야. 내 마음에 대해 아주 오래 딴청 피우고, 안녕한 척했던 거야. 당시 내 침대 위에는 아직도 제트가 선물해 준 토끼 인형이 있었어. 우리집 서가의 책들 사이에는 제트와 함께 가지고 있던 카세트테이프가 끼어 있었어.

나는 제트의 번호를 차단 해제하고 말았어. 만나고 싶다는 메시지를 보냈고, 우리는 일 년 반 만에 다시 얼굴을 마주했어. 매일같이 나는 제트에게 고백 편지를 썼어. 미친 사람처럼 썼어. 그런데 우리는 잘 안 됐어.

그날 클럽에서, 나의 수호령이 몰래 SOS 쳤던 걸까? 제트에게.

| 2023. 03. 17. 02 : 30 AM |

여섯 번째 일기

27

전화 받어

•

김유나

인생은 '미안 잘못 걸었어'의 연속이 아닐까. 이미 건 걸 되돌릴 수도 없고, 몹시 후회스럽고 절망적인 건 내 쪽이라 차라리 사과를 받고 싶은 마음이고, 따지고 보면 감당해야 할 건 내 쪽이니 사과할 만큼 잘못한 일도 아니잖아……? 그러나 연속으로 잘못 걸고 있다는 생각이 들 때는 전화기나 나 둘 중 하나는 부서져야 하는 거 아닐까 하는 생각이 조심스레 들기도…… 받지 마라, 받지 마라, 하면서 받으면 가슴이 철렁 내려앉아 지가 걸고 지가 놀라는 이상한 전화. 나 그런 전화를 자주 걸고 있어. 매일 밤 걸고 있어.

어떤 날엔 기를 쓰고 걸고, 어떤 날엔 안 받아? 어? 안 받는다 이거지? 하면서 받을 때까지 걸지. 머릿속이 확 그냥 미나의 〈전화 받어〉 속 가사처럼 되는 거야…… 아무 말 말고 전화 받어- 내 번호 뜨니 왜 안 받어- 전화도 울고 나도 울고- 할 말 있으니 전화 받어-

전화 걸지 않고 건너뛴 날엔 자책까지 하고야 마는…… 소설과 사랑에 빠진 크레이지 걸……

지난 토요일엔 서른여섯 명의 아이들을 만났어. 다시는 가르치는 일을 하지 않겠다고 다짐했는데 이런저런 사연으로 결심이 꺾였고 정신을 차려 보니 칠판 앞에서 뭐든 아는 척하는 인간이 되어 있었지. 가르치는 순간 나는 진정할 수 없는 주피터야. 어, 주피터는 내 머릿속에서 세상 제일가는 경주마야. 내가 입으로 말을 하는지 인중으로 말을 하는지 모르는 상태로 달리고 나면 마침내 철장이 닫히고 교실은 비어 있어. 내 마음은 망망대해 밤바다에 둥실 떠오른 달 같아. 허망함. 하나같이 반짝반짝 빛나던 서른여섯 명의 눈동자. 같은 걸 배우고 같은 말을 하고 같은 걸 원하라고 하는 바닷속에서 좀 다른 꿈을 품어 버리고야만 대왕고래들.

예전에 GV 행사장에서 박찬욱에게 한 영화감독 지망생이 물었어. "영화가 하고 싶은 꿈나무들에게 한마디 해 주시겠어요?" 박찬욱은 답했지. "하지 말라고 말해 주고 싶습니다. 그만둘 수 있다면 그만두라고 말해 주고 싶습니다." 전에는 '지가 뭔데 하라 마라야'라는 식의 마음을 가졌지. 그땐 나도 서른여섯 명의 아이들 중 하나였으니까. 지금은 적어도 그 대답이 사랑하는 일과 함께 두려운 일이 닥쳐올 것임을, 알면서도 감수해 본 적이 있었을 이가 뱉은 진심 어린 답변이라는 것은 알겠어. ······얏빠리 박찬욱이야.

그 시절 나에게 내가 어떤 말을 해 줄 수 있다면 하지 말라는 말일 것 같아. 지금으로서는 말이야. 하지만 당시의 나는 '지가 뭔데 하라 마라야' 하겠지. 내일 죽는대도 오늘까지는 하고 싶은 사랑하는 일을 만났으니까. 쓰다 보니 생각난 건데, 내가 가르치는 일을 싫어하는 건 그 빛나는 눈빛들에게 실망감을 줄까 봐서 그런가 봐. 내가 무언가에 실망했다는 걸 들킬까 봐서. 망할까 봐 발발 떨고 있는 나 자신이 부끄럽고 미안해서. 그럼에도 지금의 이 외방향 전화 걸기엔 이상한 진실이 있다는 걸 발견했는데, 첫 번째는 지금 관둔다고 해도 말릴 사람은 아무도 없다는 것. 두 번째는 후회 속에서도 내가 이 미친 전화 걸기를 포기할 생각이 없다는 거야. 그러니…… 아무 말 말고 전화 받아…… 내 번호 뜨니 왜 안 받아…… 전화도 울고 나도 울고…… 할 말 있으니 전화 받아……

| 2023. 03. 21. 11 : 38 PM |

28

샌프란시스코에 남은 이름들

•

황용하

　그해 여름, 샌프란시스코에서 월 700달러짜리 방 하나를 구했지. 내 방은 거실 한 구역에 간이 커튼을 쳐서 만든 것이었어. 아마존에서 구입한 에어 매트리스 위에 한인 마트에서 구입한 전기장판을 깔고 모포를 덮었지. 근처 타겟(Target)이라는 대형 마트에서 베개와 싸구려 수건 몇 장도 사고. 내가 가진 첫 독립 공간이었어. 커튼 너머에서 하우스 메이트들이 요리를 먹으며 담배를 피우고, 키보드를 두드리며 내가 모르는 외국어로 통화하는 소리를 매일같이 들었지만 말이야.

약 3개월이 지나고 나서야 내가 근처 지역에서 제일 싼 방을 쓰고 있다는 것을 알았어. 그리고 그 방이 제일 최악의 방이 될 거라는 것도. 내 방 바로 옆에는 천을 둘러 통로를 막은 부엌이 있었고, 요리를 하다가 가스레인지 밑으로 쥐 한 마리가 쏜살같이 지나갔어. 왜 그런 말 있잖아. 쥐가 나온 집은 끝난 거라고…… 내가 전화를 걸어도 정말 잘못 걸었다 싶었지. 마치 부푼 마음으로 전화를 걸어 사랑 고백과 미래 계획을 전부 말했는데, 들려오는 건 낯설고 걸걸한 또래 남자의 비웃음인 것 같았어. 나는 택배 박스를 자르고 이어 붙여 내 방과 연결된 부엌의 통로를 꼼꼼히 막았고, 매일 밤 쥐가 우는 것 같은 환청은 꿈속에 파묻었어. 매일 밤 자기 전, 쥐를 떠올릴 거라고 상상이나 해 봤겠어?

며칠 지나 동네 관리인이 찾아왔어. "걱정 마세요. 쥐는 땅콩버터에 사족을 못 써요." 그는 쥐덫에 땅콩버터를 바르며 말했어. 그날 여섯 개의 쥐덫이 부엌 구석구석에 숨겨졌지. 그런데 다음 날이 그다음 날이 되고 몇 주가 흘러도 쥐덫은 멀쩡했어. 그 쥐는 도대체 어디로 사라진 걸까? 어쩌면 그 쥐는 땅콩버터 알러지가 있었는지도 몰라. "이 집은 정말 더럽고 시끄럽고 최악이네," 말하곤 그렇게 곧장 떠났는지도 모르지.

그 후로 6개월이라는 시간이 흘러 에어 매트리스는 메모리폼 매트리스로 바뀌었고, 모포는 폭신한 이불로 바뀌었어. 수건들을 보관할 수 있는 옷장도 가지게 되었지. 거실은 조용한 날이 없었지만 나는 그 소음에 익숙해졌고, 쥐가 내 침대 밑을 기어가는 상상은 하지 않게 되었어. 애정이 들었던 걸까? 분명 재밌기는 했던 것 같아. 그 집이 얼렁뚱땅 인생 같다는 점에서 말이야. 다시 그 여름으로 되돌아간다면 절대로 그곳에 발을 디디진 않을 것 같은데…… 시간이 쌓일수록 무언가를 애정한다는 건 명료해지지 않는 것 같아. 애정은 자꾸만 어딘가를 누비고 와 처음 보는 헤어스타일을 하고 서 있어. 정말 애정 맞니? 물음은 잡히지 않고 시간만 계속 흐르는 거지.

작년에 미국 여행을 하면서 5년 만에 그 집에 다시 방문했어. 재떨이가 놓여 있던 난간에는 색색의 빈 탄산음료 캔들이 놓여 있었고, 텅 빈 조그마한 마당에는 핑크색 유아용 킥보드가 놓여 있었어. 거미줄이 붙어 있던 부엌 창문에는 하늘색 커튼과 크레파스로 그린 그 집의 그림이 붙어 있었지. 건너편 집에서 담배를 뻑뻑 피우던 키가 큰 데이비드도 더는 보이지 않았어. 시간을 멀끔하게 껴입은 집이 되었네. 쥐가 더는 발도 못 디디겠지. 현관으로 올라가는 세 번째 돌계단에는 돌멩이로 스크래치를 낸 내 이름이 여전히 있었어. *James Hwang*. 나는 이 이름을 정말 애정했을까? 그만 떠나야 했어. 요리조리 덫을 잘 피해서. 내가 더는 수상한 사람이 되지 않게 말이야.

| 2023. 03. 26. 05 : 58 PM |

29

침대에 누워 카드를 덮고
•
김희수

　유튜브에서 타로를 볼 수 있다는 사실 알아? 직접 카드를 선별하는 모습을 영상으로 중계해 주고, 네다섯 가지 카드 세트가 완성되면 구독자들이 끌리는 카드를 고를 수 있는 시간을 마련해 줘. 제너럴 타로 리딩이라고 하는데, 현장에서 타로 카드를 뽑는 것이 아니기 때문에 술사들은 자신에게 맞는 부분만 취하라고 이르기도 해. 술사와 구독자의 주파수를 맞추는 시간도 있어. 과거에서 타로 리딩을 하는 술사와, 그보다 미래에서 영상을 보고 있는 구독자가 주파수를 맞추면 타로 카드를 뽑을 때 각자 상황에 더

욱이 잘 들어맞는다는 거야. 다들 미친 것 같지 않아?

그런데 나는 이 미친 짓에 맛들렸어. 신빙성 희박하고, 이미 들은 말을 또 듣지만 미치도록 즐겁거든. 타로 리딩은 악담을 잘 안 해. 나는 한 달 전부터 매일 밤 타로 영상을 틀어 두고 신나게 상상하다 잠들어.

타로에는 연애운, 재물운, 성공운, 신년 운세 등의 주제가 있고, 나는 그중에서 연애 타로를 즐겨 봐. '나의 새 인연을 언제쯤 만날 수 있을까?', '전 애인과 다시 만날 수 있을까?', '나를 몰래 좋아하고 있는 사람이 있을까? 있다면 누구일까?' '내가 짝사랑하는 그 사람, 그도 나를 좋아할까?' 대부분 이런 타이틀로 정리되는데, 내가 자주 클릭하는 타이틀은 '짝사랑'이라는 키워드야. 사실 처음에는 재회 가능성을 보려고 유튜브 타로 세계에 들어섰는데, 재회 타로는 나보고 자꾸 가망이 없다는 거야. 일주일쯤 듣다 보니까 맞는 말이기도 하고 질리기도 해서 짝사랑으로 옮겨 왔어.

"그분은 따뜻하고 포근한 성격의 사람입니다" 이런 말은 족족 믿기지 않고, "그분은 차갑고 무뚝뚝한 인상입니다" 이런 말은 족족 믿겨. 사람 심리라는 게, 너무 좋은 말만 하면 아니라고 생각하잖아. 리딩을 할 때 "그분도 여러분께 왕창 빠져 버렸네요", "여러분과 결혼까지도 갈 수 있는 상대입니다" 같은 낙관적인 말만 늘어놓으면 견디다가 꺼 버려. 적당히 '쉽지 않군' 생각하게 하는 리딩이 나는 마음에 들거든. 탄탄대로의 상상은 짝사랑의 묘미가 못 돼.

오늘 뽑은 카드 리딩은 이랬어. 내가 짝사랑하고 있는 그 사람은 이미 연애를 하고 있대. 하지만 다음 연애를 나랑 하게 될 거래. 애인이 있지만 나를 마음에 두게 되고, 그렇게 이별을 해서 나에게 정착한다는 거야.

미친 거 아니니? 너무 재미있잖아. 이미 그 사람과 내가 사귀게 되었는데, 또 그에게 마음에 드는 다른 상대가 생겨서 이별하는 상상까지 했어. 짝사랑은 정말 지루할 틈이 없어.

나는 요새 타로 영상을 틀어 두지 않으면 잠

이 한숨도 안 와. 리딩을 듣다가 아침에 일어나면 무슨 영상을 보았는지 까먹어서 문제고, 낮에는 내가 짝사랑을 하고 있는지도 까먹어서 문제야. 그래도 밤만 되면 미래인지 망상인지 모를 카드를 뒤집어. 한 달 동안 시청한 타로 영상만 백 개가 넘어서 아무것도 기억나지 않아. 전 애인과의 재회를 바라던 마음은 어디 갔지? 나를 곤히 잠재워 주는 사랑이 진짜 사랑인 걸까?

| 2023. 03. 30. 11 : 32 PM |

30

불가능세계

•

유선혜

　나도 타로 카드 점을 정말 좋아해. 번화가를 떠돌다가 친구랑 충동적으로 타로 카드 점을 보는 작은 가게에 들어가서 물어보지. "제가 올해 돈을 많이 벌 수 있을까요?"

　단돈 만 원이면 미래를 알 수 있다니, 정말 멋진 일 아니니? 미래는 무수한 가능성들의 세계잖아. 너무 많은 가능성과 선택지가 있어서 가끔은 필연과 운명을 믿고 싶어질 지경이야. 나는 어릴 때 내가 커서 무엇이 될지가 너무 궁금했어. 초등학교 4학년 때

꿈은 판사였고, 6학년 때의 꿈은 의사였지. 5학년 때의 꿈은 변호사였을까? 아무튼 미래의 나는 무슨 직업을 가지게 되고, 어떤 사람들을 만나게 될까, 대학에 간다면 무엇을 공부하고 어른이 되면 누구를 사랑하게 될까. 그게 너무 궁금했던 거야. 항상 학교 화장실에서 손을 씻을 때마다 물 자국이 있는 거울을 바라보며 다 자란 내 얼굴을 상상하고는 했지.

그런데 말이야, 가끔 모든 미래가 불가능한 것처럼 느껴질 때가 있다? 그런 감각이 들 때면 숨이 턱 하고 막혀서 가던 길을 멈춰야만 해. 내가 상상하는 모든 일들이 완벽히 불가능한 일이라서 나는 평생 불가능성 속에 갇혀서 산다면…… 한번 예를 들어 볼게. 어떤 여자아이가 있다고 치자. 그 아이는 조금 통통하지. 그 아이는 매일 밤 날씬한 연예인들의 사진을 보면서 잠에 드는 거야. 언젠가는 다이어트에 성공해서 그런 완벽한 몸매를 가지기를 바라며! 미니스커트나 짧은 배꼽티를 마음껏 입고, 굽 높은 구두를 신고 걸어 다니는 거지. 그런데 갑자기 그 아이의 눈앞에 냉장고 속의 초코 마카롱이 어른거리고…… 아이는 결국 한밤중에 냉장고 문을 열고 마카롱을 먹고 말겠지. 그때, 마카롱을 세 개째 먹을 때 그 아이의 감정! 그게 바로 불가능성이야. 나는 슈퍼 모델의 몸매를 절대 가질 수 없다는 불가능의 감각.

불가능의 감각은 나를 불시에 찾아와. 내가 느끼는 불가능함은 가령, 오늘은 헬스장으로 운동을 하러 가지 못할 것이라는, 혹은 마감일까지 시 두 편을 완성할 수 없을 것이라는 사소한 사실에서부터 내가 천재 물리학자가 될 수 없다는 터무니없는 망상이나, 바이링구얼이 되기에는 너무 늦었다는 사실, 아니면 나는 평생 아무에게도 사랑받지 못할 것이라는 불길한 예감까지⋯⋯ 내 앞에는 가지각색의 불가능들이 도사리고 있어서 나는 그 감각을 마주할 때면 정말 아무것도 할 수 없는 기분이야.

이 무시무시한 불가능과 맞서 싸우는 일은 쉽지 않아. 그건 나를 끝없이 누워 있게 만드니까. 손가락 하나 까딱할 수 없도록 만드니까 말이야. 어떤 사람에게는 가벼운 산책을 하면서 햇볕을 맞으면 해결되는 일일 수도 있지만, 어떤 사람은 알약을 한 움큼 먹어야 할지도 모르지. 하지만, 생각해 봐. 우리는 고작 타로 카드 몇 장이 말해 주는 이야기에 기뻐하기도 하고 낙담하기도 하잖아. 그렇다면, 미신을 믿는 마음으로 내 미래를 믿어 볼 수도 있는 거 아니야? 깡마른 모델은 될 수 없어도, 내일 먹을 마들렌을 상상하며 기분 좋게 잠에 드는 일 정도는 할 수 있으니까.

    나는 어느 순간부터 나를 기다리는 수많은 가능세계를 아무 근거 없이 믿어 보기로 했어. 별로 미덥지는 않지만, 밑도 끝도 없는 불가능성의 감각 때문에 하루 종일 침대에 누워 있는 일보다는 나을지도 몰라. 그리고, 그건 아마도 밑지는 장사는 아닐 거야.

| 2023. 04. 05. 01 : 38 AM |

31

훌라후프를 돌리는 우리를
구경하는 유령이 있다

강우근

    초등학교 때는 훌라후프를 많이 돌렸어. 훌라후프가 허리를 감싸며 돌 때마다 윙윙거리는 소리를 내는 것이 좋았어. 오래 돌리면 배가 아파 왔지만 한 번 돌린 훌라후프를 멈출 수는 없었어. 날이 화창한 어느 날 선생님은 반 학급 친구들을 데리고 훌라후프 대회를 열었어. 선 안으로 들어온 아이들이 선생님이 호루라기를 부는 소리를 듣고 각자의 훌라후프를 돌리기 시작했지. 툭하고 훌라후프를 허리춤에서 떨어트린 아이들이 하나둘씩 생겨났어.

훌라후프를 질질 끌고 선 바깥에서 여전히 훌라후프를 돌리는 우리를 구경하는데 그게 마치 유령 같아서 슬펐어. 나도 훌라후프를 떨어트릴까 봐 무서웠어. 훌라후프가 땅에 닿는 '툭'하는 소리가 들리는 순간 모든 세계가 멈춰 버릴 것 같았거든. 훌라후프가 신체에서 떨어지는 감각은 갑자기 찾아오는 죽음에 대한 공포와 비슷했거든. 내 자력으로 돌아가는 훌라후프가 보이지 않는 심장의 움직임과 비슷하다고 생각했나 봐. 나는 오래 살아남았지만 훌라후프를 떨어트리고 말았겠지……

그러나 친구들은 여전히 훌라후프와 비슷한 것을 돌리면서 살아가고 있겠지. 누구는 차 안에서 핸들을, 누구는 상가에서 피자를, 누구는 의류 매장에서 옷을 돌리고 돌리면서 살아가겠지. 그 사물이 자신으로부터 떠나기 전까지 붙들고 있으면서, 어느 하루는 무언가를 돌리고 있다는 감각에 절박해지면서,

어쩐지 훌라후프를 놓치는 건 조금 빠르거나 느리다는 생각이 들어……

나는 어느새 훌라후프를 놓친 장면을 마음속에서 얼려 놓은 사람이 되어 버렸네. 내가 그 장면을 떠올리지 못하면, 장면은 물이 되고 기체가 되어서 날아가 버리겠네. 훌라후프도 끓는 주전자가 내뿜는 수증기처럼 투명하게 떠오르겠지.

그렇게 나는 언제나 조금 빠르거나 느린 상태로 공을 수없이 못 쳐낸 테니스 선수 같네, 자연을 잃어버리게 될 유목민 같네, 수집하고 정리한 텍스트 파일을 노트북과 노트북 사이에 옮겨 다니다가 잃어버리게 될 사람이네. 언제나 빠르고, 느리다는 생각조차 사라지고……

나는 어느 새벽에 바깥에 나와서 아무도 없는 거리에서 홀연히 훌라후프를 돌릴 수도 있겠네. 회전하는 지구에서 훌라후프를 돌리는 나를 보며 떠오르는 해는 '집요한 녀석이네' 생각할 수도 있겠네. 하루라는 시간을 만들고 있는 해는 내게 물어볼 수도 있어. "네가 가고 싶은 시간은 언제인데?" 툭, 툭, 툭, 툭, 툭……

나는 어느새 오래전에 다녔던 초등학교 운동장에 도착해 있네. 겉면이 다 벗겨진 공이 내게 굴러왔지 뭐야.

그때 알았어. 이 공을 힘껏 차고 차면서 운동장을 새처럼 회전하면서 우리의 놀이를 이루었던 친구들이 다 떠났구나. 아이들은 이제 이 유령 같은 공을 두고 우리의 놀이터를 모두 떠났구나. 제자리에 둔 훌라후프는 모두 천사의 얼굴 위에 떠 있는 링처럼 공기 중으로 날아가 버렸구나. 그 공을 힘껏 차고 싶었는데 어쩐지 그럴 생각이 안 들더라. 공을 가만히 들어 올리고 세상의 모든 불가능성을 폭 끌어안아 보였어. 그때 세상이 너무 뜨거워져서 나는 나의 마지막 열을 다 빼앗긴 기분이었네.

| 2023. 04. 09. 06 : 28 PM |

일곱 번째 일기

32

영원한 이미지로 남는 꿈
•
황용하

　바닥에서 잠든 날은 꿈을 자주 꾸었어. 애인이나 친구들이 주로 나오는. 방금 꿈에서는 선혜와 희수를 만났어. 지하철 스크린 도어가 열리자 누군가가 나를 부르며 손을 흔들었어. '박해원'이라는 사람. 선혜와 희수 옆에 있는 그 사람은 시인이었어. 그를 분명 처음 봤는데 그가 시인이라는 것과 이름이 '박해원'이라는 것을 확신했어. 이상해. 그는 나를 어떻게 알아봤을까. 내가 기억하지 못하는 다른 꿈에서 이미 우리는 만난 적이 있던 걸까?
　선혜와 희수 그리고 박해원은 옆 칸에 탑승했

어. 나는 지하철 안에서 그들이 있는 쪽으로 서둘러 걸었지. 내가 있는 칸에는 사람들이 많았고, 사람들 사이로 보이는 그들의 칸은 한적했어. 문 옆에 앉은 희수는 좌석에 앉아 눈을 감고 있었고, 선혜와 박해원은 지하철 손잡이를 잡고 있었어.

"왔어?" 지친 기색으로 선혜가 내게 말했어. 박해원과는 가볍게 인사를 했는데 그의 얼굴이 여전히 기억나지 않았어. "제임스, 여기서 뭐 해, 글 쓰고 있다고 하지 않았어?" 선혜가 내게 물었어. "여긴 꿈속이잖아," 내가 대답했고 "맞다, 여긴 꿈속이지," 우리는 그 후로 말없이 지하철에서 흔들렸어. 희수의 머리는 점점 밑으로 쏠렸고, 선혜와 나는 손잡이를 간신히 붙잡고 있었어. 모두 곧 엎어질 것만 같았지.

눈을 뜨니 옆에서 H의 숨소리가 들렸어. 맞다, 나는 명상 중이었지. 방 안은 어두웠고 머리맡에 작은 조명만 켜져 있었어. 밖에선 내가 알아들을 수 없는 일본어가 자동차 엔진 소리와 섞여 들려왔어. H는 입이 조금 벌어진 채로 숨을 내쉬고 있었어. 나의 오른손과 H의 왼손이 맞닿아 있었는데, 손이 닿아 있는 기분이 전혀 들지 않았어. 언제부터 이렇게 닿아 있었던 걸까. 아무것도 느껴지지 않아. 손가락을 움직여 보았어. 이런 식으로 나와 맞붙어 있는 것들이 얼마나 많을까 생각했어. 내게 너무나 가까워 전혀 느껴지지 않는 것들…… 침대 매트리스 어딘가에서 명상 가이드가 여전히 흘러나오고 있었어. *(들숨)* 감정은 *(날숨)* 나의 것이 아니다…… *(들숨)* 생각은 *(날숨)* 나의 것이 아니다……

며칠 전에 한 갤러리 파티에서 만난 나이토(Naitoh)라는 일본 사진작가는 몇 달 전에 친구로부터 질 좋은 백지들을 받았고, 그것으로 무엇을 할 수 있을까 고민했대. 그러다 어느 날 실수로 백지 위에 커피를 쏟아 버린 거야. 질서 밖의 어떤 우연으로부터 작업을 시작할 수 있었어. 커피가 서서히 번져 가다가 어느 순간 무늬를 남기고 정지해 버리는 것. 우연이 포착된 방식…… 그건 사진을 찍는 방식과 아주 밀접했을까?

나의 것이 아니다……

이제 명상에 다시 집중해야 하는데

나의 것이 아니다……

내 옆에 누워 있는 사람은.

H의 모든 것을 잊어야 그는 늘 처음처럼 내게 손을 흔들 것 같아. 잊을 수 있다면 우리는 익숙한 무언가를 다시 반갑게 맞이할 거야. 나이토도 사진이 아닌 백지 앞에서 그가 사랑하는 것들을 다시금 발견할 수 있었고, 창밖에서는 소방차가 사이렌을 울리며 지나가네. 활활 타오르던 집이 비로소 꺼질 때 알게 되겠지. 내가 아꼈던 집과 방이 정말 어떻게 생겼었는지 말이야.

끝나 버린 방금 전의 꿈이 어디선가 계속 이어지고 있다면 우리는 지하철에서 어느 한순간에 엎어졌을 거야. 그대로 번져 가듯 사라졌을 거야. 백지 위에서 우리는 영원한 이미지로 남고 싶은 꿈만 꾸었을 거야.

| 2023. 04. 16. 09 : 44 PM |

33

고름 참기
•
김희수

사흘 전, 웃음보에 온몸이 먹혔어. 친구들과 혜화의 책방에서 책을 읽다 술집으로 이동한 지 얼마 안 되었을 때였어. 체구 작은 내가 학교에서 달리기만 하면 일등을 해서 시 대회에 나갔고, 시 대회에서도 어쩌다 일등을 해 버려서 시 대표로 도 대회에 나갔고, 도 대회 전날에 비가 내렸는데 레인이 미끄러워서 경기 도중 운동화가 날아가 버렸고, 운동화는 하필 레인 시작점부터 결승점까지 일렬로 앉은 구경꾼들 사이에 안착했고, 아무도 운동화를 주워 주지 않아서 결승점에서부터 운동화가 떨어진 곳까지 한

쪽 신발만 신고 걸어간 일에 대한 이야기를 했어.

자기가 말하고 자기가 웃는 일은 개그 세계에서 금기인 것 알지. 나는 그 금기를 무참히 깨뜨렸어. 무언가 말하려고 입을 살짝이라도 열면 크게 웃게 되었어. 친구들이 하는 웃긴 말에도 웃기지 않은 말에도 깔깔 웃어 버렸지. 친구들은 웃음이 멈추지 않는 나를 희한하게 보면서도 따라 웃어 주었어. 나는 너무 격정적으로 웃는 바람에 볼을 적실 만큼 눈물이 났어. 웃음을 멈추기 위해 전력으로 노력하였지만 되지 않았어. 폭소하면서 슬펐어. 나는 웃고 있는 내가 슬프다는 것을 알았어.

중학생 때는 책상을 교실 뒤편으로 다 밀어 두고 실내 체육 활동을 한 적이 있었어. 두 시간 연속 체육 시간이어서 쉬는 시간에도 책상을 본래 배치대로 바꾸어 두지 않았어. 쉬는 시간이 되자마자 교실에서 말싸움이 시작되었어. 분란의 주인공은 한 여학생과 한 남학생이었는데, 욕설이 오가다가 몸싸움으로까지 번진 거야. 그들은 뒤로 밀어 둔 책상으로 서로를 밀쳐서 고꾸라진 책상 위로 엉켜 있었어. 반 아이들은 그들에게 몰려들었고, 나는 웃음이 났어. 멈출 수 없이. 싸움 중인 여학생은 당시 나와 단둘이 붙어 다니던 친구였어. 나는 모여든 아이들 뒤로 빠져 있었지만 아이들은 웃고 있는 나를 목격하고 말았어.

다시 사흘 전, 친구들이 혜화 술집 안에 있는 피아노 의자에 앉아 건반을 꾹꾹 눌렀어. 나는 친구들의 모습을 영상으로 촬영하면서도 웃음보를 통제하지 못했어. 영상 속 친구들은 하나도 우스꽝스럽지 않았는데 나는 촉촉한 눈을 하고 계속 웃었어. 웃음이 멈추지 않아서 울고 싶었어. 친구들은 폭소하는 나를 보면서도 아무 말 하지 않았어. 영상에는 내 웃음소리가 빠짐없이 녹음되었고, 친구들은 그 영상을 마음에 들어 했어. 다음 날 아침에는 친구의 동생이 우리의 영상을 보고 내 웃음소리의 타이밍이 참 적절하다고 했어.

뭐라 하는 사람 있거든 입을 찢어서라도 함께 웃게 만들어 주마.

내가 내 웃음을 부끄러워하자 친구들은 말해

주었어. 오래전, 나의 웃는 눈이 슬프다고 했던 이가 누구였는지 기억나지 않아.

| 2023. 04. 21. 03 : 15 AM |

34

세계라는 웃음

강우근

개그에 소질이 없는 내성적인 두 사람이 한 공간에 오래 같이 있게 되면, 한 사람은 코미디언을 자처하게 될지도 몰라. 나는 새로운 환경에 낯설어하는 편이고, 말주변이 없어서 대학교에 입학하고 나서도 주로 듣는 입장이었는데. 언젠가 시간이 지나고 내가 '말을 해야만 하는 상황'이 왔을 때 내가 그동안 '말하지 않아도 되는 혜택'을 받아 왔다는 것을 알았지. 내가 말주변이 없어서 말을 안 하게 된 것이 아니라, 내가 말을 하지 않아도 친구들이 나라는 침묵을 대신해서 말을 걸어 주었기 때문이었다는 것을.

사회에 진입을 하고, 여러 공동체에 속하게 될 수밖에 없을 때 나는 먼저 말을 하는 사람이 되기 위해서, 재밌는 상황을 만들기 위해서 노력을 해야만 했어. 어떤 형은 학교를 같이 다니던 사람 중에 가장 웃긴 사람이었는데, 그 형이 훗날 말하기를 자신은 그런 역할을 자처하고 싶었대. 그렇게 우스운 역할을 맡으면서 사람들이 조금 더 웃기를 바랐대.

문득 사람뿐만이 아니라 코미디를 하는 세상의 모든 존재에 대해서 생각하기도 했어. 안희연 시인의 「소동」에 나오는 문장 '아름다워지려던 계획은 무산되었지만 어긋나도 자라고 있'는 식물처럼, '살아 있다고 말하기 위해 제 발로 흙탕물 속으로 걸어 들어가길 즐기는' 개처럼. 사소한 소동을 부리는 존재는 어쩌면 자신의 외로움을 위로하는 것 이상으로 다른 대상의 외로움을 위로하기 위해서 존재감을 드러내고 있는 것은 아닐까. 개가 천진난만하게 걷는 것이 본성일 수도 있겠지만, 때때로 그런 역할을 맡아야 했던 것은 아닌지.

그렇게 거미의 세계에서 거미줄을 정석대로 짜

지 않는 거미가 있는 것은 아닌지, 강변의 오리 중에서 힘껏 날개를 펼쳐서 가장 멀리 나는 놀이를 하는 오리가 있는 것은 아닌지, 그렇게 모든 존재는 자신과 다른 존재를 위로하기 위해서 일부러 우스꽝스러워지는 순간을 보내고 있는 걸까.

내가 웃기는 사람이 되려고 마음먹은 건(아직 많이 부족하지만……) 어쩌면 타인에 대한 이해가 스며들었기 때문일 수도 있겠지. 때로는 혼자 있을 때 자신을 타인처럼 생각하며 헛웃음을 터트리기도 하지. 나에 대해서 너무 진지해지지 않기 위해서, 진지하고 무언가에 몰두한 나를 문득 위로하고 싶어져서.

어느 정도 바보가 되지 않으면 더 슬프다고 느껴지기도 해. 아주 가벼운 마음으로 '바보가 되어 버렸다'라고 마음먹으면 문득 편해지니까. 세상이 너무 진지하게 굴 때면 세상의 마음을 풀어 주고 싶어져. 다른 사람이 때때로 나에게 바보가 되어 주는 것처럼, 나도 언제나 바보가 될 준비가 되어 있어!

한 사람을 세밀하게 관찰하다 보면 모두 웃긴

점을 가지고 있다는 것을 알게 돼. 존재라는 건 실은 그 자체로 되게 웃긴 것 같아. 제각기 생김새가 다른 사람이, 다른 억양과 옷차림을 가지고 우리에게 오고 있다는 것. 매일 옷을 입고 샤워를 하고, 밥을 먹고, 시간을 확인하고, 버스와 지하철의 배차 간격을 보면서 모두 다른 걸음걸이로 오고 있는 것은 웃기고 신비로운 일이야. 그러니 보자마자, 서로를 보았을 뿐인데 와르르, 웃을 수밖에 없는 거야. 땀을 뻘뻘 흘리고 와도, 약속 시간에 조금 늦어도, 짐을 잔뜩 들고 와도, 언제 어디서나……

한 번도 본 적 없지만 만나기로 예정되어 있는 사람이 지금 오고 있다면, 수많은 군중 사이에서 그 사람이 말한 장소에 머무르면서, 그 사람이 말한 인상착의를 한 사람을 몇 번이나 흘려보내면서 오고 있다면, 그때 누군가 나의 이름을 부른다면……

수많은 소음 속에서 세상에 하나밖에 없는 존재의 목소리가 별안간 생겨났구나, 생각하면서 웃을 수밖에. 존재와 연결되었다는 것에 대한 웃음. 그러니 네가 생각하기에 별거 아닌 것처럼 보이는 너의 모습도 실은 굉장히 성실히 너를 지켜 왔다는 것을 말해 주는 것이겠지. 그런 너를 향해 웃어 볼래. 웃을 준비를 미리 해 볼래. 나를 만난 적 없는 너여도, 나를 만난 적 없는 너이기에, 나도 너처럼 조금 더 살아 있어 볼래. 살아서 웃어 볼래. 믿음을 가져 볼래. 세계의 웃음을 이루어 볼래.

| 2023. 04. 26. 01 : 35 PM |

35

우리 사랑 연습도 없이

•

유선혜

　대사를 다 외우지 못하고 무대로 올라가는 배우의 마음에 대해 오래도록 생각했던 적이 있어. 어느 날 밤에 그런 내용의 꿈을 꾸었기 때문이었지. 나는 어떤 연극의 주인공이었어. 꽤 규모가 큰 연극이었고 객석은 무려 3층까지 있었어. 나는 무대 뒤편의 대기실에서 큰 거울을 보고 앉아 있었지. 그런데 아직 대사를 다 읽지도, 외우지도 못했는데 공연 시작 시간 5분 전이 된 거야. 화장을 다 마치지도 무대 의상을 입지도 못했지. 그렇게 무대에 서게 된 거야.

나는 다급했고, 불안했고, 울고 싶었어. 관객들은 모두 나를 쳐다보고 있었지만 한마디도 할 수 없었지. 그들이 나를 보는 시선은 아주 냉담했어. 그리고는 어떻게 되었는지는 나도 몰라. 그냥 그때의 불안만이, 울고 싶은 기분만이 계속 생각나. 그 상황은 이제 잘 기억이 나지 않는데 꿈속에서의 감정만이 찌꺼기처럼 생생하고 징그럽게 남아서 나를 자꾸 괴롭혀. 아직 준비가 안 되었는데 시험이 코앞으로 나가온 수험생의 마음이나, 프레젠테이션을 다 연습하지 못했는데 발표를 앞둔 직장인의 마음 같은 것. 아니면 아이는 배가 고프다고 보채는데 저녁 장을 미처 보지 못한 엄마의 마음, 리코더 악보를 외우지 못했는데 학예회 무대에 서야 하는 유치원생의 마음……
준비도 없이 무언가를 마주해야만 하는 그 불안과 슬픔 말이야.

*우리 사랑 연습도 없이 벌써 무대로 올려졌네**

사랑도 똑같은지도 몰라. 우리는 한 번도 사랑

---

* 심수봉, 〈비나리〉 가사의 한 구절.

해 본 적 없는 채로, 배운 적도 없는 채로 지구에 와서 누군가를 사랑하게 되고, 사랑이 뭔지도 모르면서 사랑한다고 말하지. 사랑을 하고 있으면서 사랑인 줄도 모르고. 매일 사랑 고백을 하는 사람들 중에 "사랑이 무엇인가요?"라는 질문에 대답을 할 수 있는 사람은 몇 명이나 될까? 그들은 사랑의 정체가 무엇인지는 결코 알아내지 못하면서 그저 사랑의 기술만을 배우고 있는 걸까? 우리가 바이올린을 켜고, 자전거를 타지만 그 방식에 대해서는 명료한 언어로 설명할 수 없는 것처럼 말이야. 그들은 웃음을 통해, 혹은 울음을 통해 사랑을 하는 방법을 온몸으로, 온몸의 감각으로 서서히 익혀 가는 것인지도 모르겠어.

사랑의 표정에는 웃음도 있지만 분명히 울음도 있어. 우리의 삶은 역시 코미디보다는 비극에 가까울지도 몰라. 사랑으로 가득 찬 삶은 우리를 울게 하지. 무대에 오르는 배우는 어쩌면 연극을 너무 사랑해서, 그런데 대사와 동선을 하나도 모르기에, 울고 싶어지는 것일 거야. 우리도 삶을 사랑해서 잘 해내고 싶기에, 박수를 받고 싶기에 울음을 터트리고 마는 거지. 그러나 우리 모두는 아무 연습도 없이 태어나기에,

실수하고, 넘어지고, 서툴고 미숙한 사랑에 빠지게 되는 거지. 평생 동안 사랑의 노하우를 찾아 가면서 사랑의 달인이 되기 위한 꿈을 꾸며. 관객석에서 터지는 작은 웃음에 위안을 받으며, 하나도 웃기지 않은 비극을 견뎌 내는 거야. 끝없는 사랑의 연습을 하며……

| 2023. 05. 01. 04 : 36 PM |

36

다음 사랑

•

김유나

    어쩔 때 나는 그리 좋은 사람이 아니지. 어쩌면 나쁜 사람일지도 몰라. 욱하는데다 상황을 모면하려고 거짓말을 할 때도 있어. 내가 그런 사람이군. 하는 마음으로 하루를 보내고 집에 돌아와선 청소기를 돌리고, 저녁밥을 짓고, 사랑하는 사람을 맞이하며 웃지. 식사를 하면서는 마룻바닥에 똥딱지를 탄생시킨 고양이가 둘째 머털이였다는 이야기를 하지. 건너편에 앉은 사람이 반드시 내 마음을 알 필요는 없다고 생각하면서. 혹은 나 자신도 내 마음을 다 알 필요는 없다고 믿으면서. 오늘의 나는 어제와 같은 사람이며 잃어버린 것도 알게 된 것도 없다고 생각하면서 말이야.

자전거를 타고 돌아오던 주말 남편이 말했어. 내가 행복하게 웃는 모습을 보고 싶다고. 내가 행복하다고 되받아쳤더니 대꾸하지 않았지. 들켜 버렸군. 하는 생각과 함께, 어째서 내게 진심까지 바라는 거지? 라는 고약한 심보가 되었어. 그리고 이틀 뒤 나는 퇴근길에 남편을 카페에 앉혀 놓고 말했지. 내가 지금부터 나약한 소리를 좀 할 거야. 라고. 괴로운 마음, 외면하고 싶던 마음을 떨어놓게 될 거야.

그만할래. 소설이 재미없어졌어. 단순히 못 쓰겠다는 것 때문에 괴로운 게 아니라 내가 가지고 있던 무언가를 누가 훔쳐 간 것 같아. 다시 못 쓸지도 모른다는 건 두렵지 않은데 내가 세상을 이해하고 나 자신을 알아 가던 방식이 사라졌다는 게 못 견디겠어. 팔다리가 사라진 게 아니라 나 자신이 사라진 것처럼 괴로워. 이걸 어떻게 표현해야 할지 모르겠어. 나는 엉엉 울었지.

다시 돌아가도 소설을 쓸 거야?

남편이 물었고 나는 아니라고 대답했어. 어차피 닫힐 문이라면, 하고 생각했으니까.

내가 봤을 때 너는 다시 돌아가도 소설을 쓸 거야. 대학에 몇 번이나 떨어지겠지. 힘들게 일할 거고. 그렇게 번 돈으로 책 사는 걸 제일 좋아하는 사람이 될 거야. 뒤늦게 대학에 가선 누구보다 행복하게 소설을 쓰는 사람으로 살 거고. 그렇게 살다가 오늘처럼 울게 될 걸 알더라도 너는 소설을 썼을걸. 답이 정해진 것 같아도 늘 다음이 있어 유나야. 늘 다음이 있어. 포기하고 실패해도 다음이 있어. 너도 내가 정상이 아닐 때 내 다음을 지켜봐 줬잖아. 나도 그걸 볼 거야. 같이 다음을 지켜보자. 포기한 다음에 어떻게 되는지 지켜보자.

그리고 정말 환하게 다음이 다가왔던 건, 다음에 대한 희망 때문은 아니었어. 내가 이 무대에 홀로 있지 않다는 걸, 암전 다음의 나를 지켜봐 주는 사람이 있다는 걸 알게 됐기 때문이었지. 그러니까 사랑한다는 건 서로의 목격자가 되어 주는 일일지도 몰라. 그렇게 되면 모든 걸 잃는다고 해도 단 하나를 얻는 바보 같은 기쁨을 느낄 수 있겠지.

집으로 돌아오는 길에 나는 남편과 하드보일드의 윤리에 대해 이야기했어. 세상에 일어나는 많은 고통들 앞에서 우리가 할 수 있는 건 지켜보는 일뿐인 것 같다고. 아무런 도움을 줄 수 없다고 하더라도 무시하거나 회피하지 않고 그저 지켜보는 것. 그게 사람이 사람에게 할 수 있는 최소한, 어쩌면 최대한의 윤리가 아니겠냐고. 고통 받는 이를 보는 게 괴로워서 고개를 돌리는 건 그 이의 힘든 시간을 외롭게 만드는 일이 아니겠냐고.

요즘 나는 법원 사이트에 접속해서 전국 법원 주요 판결과 최근 법령 정보를 읽어. 그냥 아무거나 클릭해서 읽고 있으면 소화제를 먹은 것 같은 기분이 돼. 그간 법의 언어엔 교묘한 배척만 있다고 생각했는데, 송사에 휘말린 지인들의 소장과 판결문을 읽다가 법원 사이트와 친해졌고…… 그렇다고 하더라도 어쩌다 이게 취미처럼 되어 버린 건진 모르겠지

만…… 어쨌거나 내가 최근에 읽은 개정 법률을 보면,

 제1조(〈가정폭력방지 및 피해자보호 등에 관한 법률〉의 개정) 가정폭력방지 및 피해자보호 등에 관한 법률 일부를 다음과 같이 개정한다.
 제8조의2제1항제3호 중 "형"을 "실형"으로, "끝나지"를 "끝나거나"로, "아니하거나 집행이"를 "집행이"로, "자"를 "사람"으로 하고, 같은 항에 제4호를 다음과 같이 신설한다. (……)

 처음엔 '조사나 표현을 바꾸거나 한자음을 뜻으로 바꿔 티도 나지 않는 걸, 뭐 그리 대단하게 수정했다고 공고까지 할까' 실소하다가, 문득 이게 '법령'이라는 걸 다시금 깨닫고는 진지해졌어. 사람이 사람을 물리적, 심적으로 움직일 수 있는 일에선 조사를, 표현을, 한자의 음과 뜻을 잘게 쪼개 가며 정확에 다가가야만 한다는 걸. 끝없는 다음이 있어야만 하는 일이라는 걸. 그리고 그게 고정된 것에 따라 행하거나 흉내 내는 것이 아니라 계속해서 변화한다는 점에서 사랑과도 닮아 있다는 걸 말이야.

나도 '끝나지'를 '끝나거나'로 한번 바꿔 볼까. 그러면 '지'와 '거나'의 작은 차이로 인해 순식간에 넓어지는 품처럼, 작은 변화로 완전히 새로워지는 다음이 펼쳐질 수도 있지 않을까. 그렇게 '끝나거나'의 다음에 올 문장은 무엇일지 상상하면서. 이 모든 일이 다시 똑같이 일어난다고 해도.

| 2023. 05. 04. 05 : 12 PM |

애정 일기
— 새문학 시리즈 1

2024년 1월 15일 1판 1쇄 펴냄

글 강우근, 김유나, 김희수, 유선혜, 황용하
편집 김지영

표지디자인 엄후영
시리즈디자인 김지영, 조혜경

펴낸곳 소소사
펴낸이 김지영

출판등록 2022년 6월 21일 제2022-000031호
홈페이지 www.sososabooks.com
전자우편 info@sososabooks.com
인스타그램 @sososa.books

ⓒ 강우근, 김유나, 김희수, 유선혜, 황용하, 2023, Printed in Seoul, Korea
ISBN 979-11-979382-7-6 04810
ISBN 979-11-979382-5-2 (Set)

이 책의 판권은 소소사에 있습니다.
서면 동의 없는 무단 전재 및 복제를 금합니다.